AF494165

MONNAIES

MÉROVINGIENNES

<table>
<tr><td>Commissaire-Priseur</td><td>Experts</td></tr>
<tr><td>Me MAURICE DELESTRE</td><td>MM. ROLLIN & FEUARDENT</td></tr>
<tr><td>27, rue Drouot, 27</td><td>4, rue de Louvois, 4</td></tr>
</table>

VENTE

le lundi 9 juin et les trois jours suivants

A L'HOTEL DES COMMISSAIRES-PRISEURS

9, RUE DROUOT, SALLE N° 4

au premier

<table>
<tr><td>PARIS</td><td>MÊME MAISON</td></tr>
<tr><td>ROLLIN ET FEUARDENT</td><td>A LONDRES</td></tr>
<tr><td>4, RUE DE LOUVOIS, 4</td><td>19, BLOOMSBURY STREET</td></tr>
</table>

1890

CONDITIONS DE LA VENTE

La vente sera faite au comptant.

Les acquéreurs payeront cinq pour cent en sus des enchères.
applicables aux frais.

MM. Rollin et Feuardent se chargent de remplir les com-
missions des personnes qui ne pourraient assister à la vente,
moyennant cinq pour cent.

CATALOGUE

DE

MONNAIES MÉROVINGIENNES

ROIS BURGONDES

GONDEBAUD ET ANASTASE

1. D. N. ANASTASIVS. PR. AVG. Son buste de face, la haste sur l'épaule.

℞ VICTORIA. AVGGG. N. Victoire de profil à gauche, tenant une longue croix. Dans le champ, à gauche, le monogr. de Gondebaud. A droite, une étoile. A l'exergue, CONOB. OR. Sol. 4 gr. 50. B.

2. D. N. ANASTASIVS. PR. AVG. Son buste diadémé à droite.

℞ VICTORIA. AVGVTO + IN. Victoire de profil à droite, tenant une palme et une couronne. Dans le champ, à gauche, monogr. de Gondebaud. A l'exergue, CONOB. OR. Tiers de sol. 1 gr. 55. B.

3. Buste impérial de profil, diadémé.

℞ Monogr. de Gondebaud dans une couronne de feuillage. Sous le monogr., LD. (*Lugdunum*). CUIVRE. 0 gr. 85.

4. Mêmes types. CUIVRE. 0 gr. 60.

5. D. N. ANASTASIVS. Buste impérial de profil, à droite.

1

℞ Monogr. de Gondebaud, au milieu du champ. Au-dessus, une petite croix; au-dessous, une coupe. AR. Sixième de denier. 0 gr. 30.

SIGISMOND ET ANASTASE

6. D. N. ANASTASIVS. PR. Son buste diadémé à droite.

℞ VICTORIA..... STORVM. Victoire de profil à droite, tenant une couronne. Dans le champ, à droite, monogr. de Sigismond. A l'exergue. CON. OR. Tiers de sol, 1 gr. 55. T. B.

GONDEMAR ET JUSTINIEN

7. D. N. IVSTINIANVS. PR. AC. N. Son buste diadémé à droite.

℞ VICTORIA AVCCC. N. Victoire de profil à droite, tenant une couronne. Dans le champ, à gauche. G; à droite, étoile. OR. Tiers de sol. B.

PREMIÈRE LYONNAISE

THÉODEBERT Iᵉʳ

8. D. N. THEODEBERTVS. Buste diadémé à droite. Sur la poitrine, une croix.

℞ VICTORIA. A..... Victoire marchant à droite, portant une palme et une couronne. OR. Tiers de sol. 1 gr. 45. B.

9. Monogr. de Théodebert, dans une couronne de feuillage.

℞ THEODOBERTI REX. Croix. CUIVRE. 1 gr. 10. (*Cette monnaie est probablement de Lyon.*) B.

CHILDEBERT Iᵉʳ

10. Monogr. de Childebert (CHILDEBERTVS.), dans une couronne de feuillage.

℞ Chrisme dans une couronne de feuillage. CUIVRE. 1 gr. 30 (deux pièces).

11. Croix grecque dans une couronne de feuillage. A droite, une étoile. CUIVRE. 1 gr. 5.

THIERRY Ier

12. Monogr. de Thierry TEVDERICVS.. dans une couronne de feuillage.

℞ TEVDERICI. Croix sur une base au-dessus d'un globe, le tout dans un grènetis. CUIVRE. 1 gr. 60.

13. Monogr., dans une couronne de feuillage.

℞ Chrisme dans une couronne de feuillage. CUIVRE.

LYON

THÉODEBERT Ier

14. D. N. THEODEBERTVS. O. Buste diadémé à droite.
℞ VICTORIA. ACCC AN. Victoire de profil à droite, tenant une couronne. Dans le champ, à gauche, une étoile; à droite, monogr. de Lyon. LV. A l'exergue. CONOB. OR. Tiers de sol. 1 gr. 45. T. B. *Cette pièce est attribuée à Lyon par le monogramme et l'interprétation en est douteuse.*

JUSTINIEN ET CLOTAIRE Ier

15. D. N. I. IVSTINIANVS. II. Buste diadémé à droite, devant le profil, monogr. de Lyon. LV.
℞ VICTORIA. AVSTV. Victoire de face, tenant à gauche une croix et à droite une couronne. Dans le champ, à gauche, sous la croix, monogr. de Clotaire. CS. OR. Tiers de sol. 1 gr. 40.

JUSTINIEN ET CHILDEBERT Ier

16. D. N. IVSTINIANVS. P. INC. Buste diadémé à droite.
℞ VICTVIIA. AVTVRVM. N. Victoire de face, tenant à gauche une croix et à droite une couronne. Dans le champ, à

gauche et sous la croix, est suspendu le monogr. de Childebert Ier,
or. Tiers de sol, 1 gr. 45. T. B.

17. D. I. N. IVSTINIA. Buste diadémé à droite.
℟ VICTVIA. AVSNIAI. Même type. A l'exergue, CON.
rétrograde. or. Tiers de sol, 1 gr. 40. B.

18. D. N. IVSTINANV. NI. (*rétrograde*). Buste diadémé à
gauche.
℟ VICTVRIA. AVCTVRVM. AI. Même type renversé ; la
couronne est à gauche de la Victoire, la croix et le monogr. à
droite. A l'exergue, CON. rétrograde. or. Tiers de sol, 1 gr.
40. B.

MAURICE TIBÈRE, CHILDEBERT Ier ET MAURENTIUS

19. D. N. ALINBVRNACL. ?? Buste diadémé à droite.
℟ DE OFFICINA MAVRENTI. Monogr. de Childebert Ier,
surmonté d'une croix. or. Tiers de sol, 1 gr. 45 (deux pièces). B.

20. DE OFFICINA MAVRENTI. Buste à droite.
℟ DE OFFICINA MAVRET. Même monogr. renversé. or.
Tiers de sol, 1 gr. 35. B.

LYON

21. Légende illisible. Buste à gauche.
℟ Légende illisible : croix sur une barre accostée LV. or. Tiers
de sol.

22. Même type plus barbare. or. Tiers de sol.

23.   —   —   —   —

24.   —   —   —   —

25.   —   —   —   —

26. + Buste diadémé à droite.
℟ — AVCCIONE MO. Croix sur deux degrés, accostée des
initiales LV, dans un grènetis. or. Tiers de sol. 1 gr. 15.

27. Monogr. de Lyon rétrograde VL. barre d'abréviation au-
d..sus. globule dans IV. Grènetis.

℞ Croix cantonnée de G (*en chrisme*) et N aux cantons supérieurs, et de D. E, aux cantons inférieurs. Grènetis. AR. Denier. 1 gr. 20.

AUTUN

28. AVGVSTEDVNO. FI. Buste diadémé à droite.
℞ + TEVD VLFO M. (*Croisette au haut du type.*) Croix chrismée, accostée de AC, sur un globule. un degré et un A. (*Teudulfus monétaire*). OR. Tiers de sol. B.

29. AVGVSOTED VNO F. Buste diadémé à gauche. La légende commence au milieu de la hauteur du profil à gauche.
℞ + TEVD VLFO M. *Croisette au haut du type.* Croix chrismée accostée de AC. sur un globule. un degré et un A. OR. Tiers de sol. T. B.

30. AVGVSTIDVNO FI. Buste grossier à droite.
℞ TEVDVLFO MONETA. Croix chrismée accostée de AC sur deux degrés. OR. Tiers de sol.

31. AVGVSTIDVNO FI. Deux bustes accolés à droite, diadémés.
℞ + TEVD VLFO M. *Croisette en haut du type.* Croix chrismée accostée de AC, sur un globule et un degré. OR. Tiers de sol. T. B.

32. AVGVSTIDVNO FI. Deux bustes accolés. diadémés à droite.
℞ IIIOORIIS MONIIM. Croix chrismée. accostée de A G. sur deux degrés. *Isodorus? monétaire*. OR. Tiers de sol. T. B.

33. + AUGVSTIDVNO FIT. *La légende commence au milieu de la hauteur de la tête. à gauche.* Buste diadémé à droite. filet extérieur.
℞ FIIOORVS MONIIM. Croix latine sur deux degrés. Filet extérieur. OR. Tiers de sol. B.

34. + AVGVSTIDVNO FIT. Buste diadémé à droite

℟ IHIIOONS MMM. Croix latine sur deux degrés. OR. Tiers de sol. B.

35. FLAVVS MONET. Buste lauré à gauche.

℟ AVSTEDVNO FIT DE SELETAS? Croix accostée de deux étoiles et de VII. (*Flavus monétaire.*) OR. Tiers de sol. B.

36. + AGUSTI + DVNO +. (*La croisette du milieu au-dessus de la tête.*) Buste diadémé à droite.

℟ + AVSTR + VLFVS +. (*Croisette du milieu en haut du type.*) Croix chrismée accostée de A. G. Sur deux degrés étroits. (*Austrulfus monétaire.*) OR. Tiers de sol. B.

37. AVGUSTEDVNO. (*Légende renversée et commençant à droite.*) Buste diadémé à droite.

℟ MACHO ALΛVS MO. Croix chrismée accostée de A C. sur un globe et un degré. (*Magnoaldus monétaire.*) OR. Tiers de sol. B.

38. AVGVS TEDVNO F. (*Légende commençant en haut, et coupée par le buste.*) Buste diadémé à droite.

℟ MAGNOA LDVS M. (*Légende coupée par les degrés de la croix.*) Croix chrismée accostée de A G. sur trois degrés. Filet extérieur. OR. Tiers de sol. 1 gr. 21.

39. AVGVS TEDVNO. (*Légende coupée par le buste.*) Buste diadémé à droite.

℟ + MAGNOAL.... MONI. Croix chrismée accostée des initiales A. C. dans un grènetis. OR. Tiers de sol.

40. BAVDVLFVS. M. Deux têtes jeunes accolées, diadémées à droite.

℟ AVGVSTEDVNV. Croix chrismée sur un degré, accostée de deux globules. Filet extérieur. Pas d'initiales dans le champ. (*Baudulfus monétaire.*) OR. Tiers de sol. T. B.

41. AVGVSTODVNO FIT. Buste lauré à gauche.

℟ QVIRIACVS MONIT. Croix sur un globe accostée des lettres A.G. (*Quiriacus monétaire.*) OR. Tiers de sol.

LANGRES

42. AVDICI ILVS MO. Buste diadémé à droite: croissant contenant un globule au sommet du diadème.

℟ +LINCVENINSES MONITA. Croix latine potencée accostée de A M sur un degré concave, dans un grènetis. *(Andegisilus monétaire.)* OR. Tiers de sol, 1 gr. 35. B.

43. AVDICI....... Buste diadémé à droite: devant, une petite croix.

℟ Légende rognée. Croix latine pattée, accostée de A V, sur deux degrés, dans un grènetis. OR. Tiers de sol, 1 gr. 10.

44. DROCTOALDVS. Buste à droite.

℟ .... ONAS. Croix. *(Droctoaldus monétaire.)* OR. Tiers de sol. B.

APREY

45. +APRARICIA. Buste diadémé à droite.

℟ +PATRICIVS MO. Croix latine. *(Patricius monétaire.)* OR. Tiers de sol, 1 gr. 20. B.

CHALON-SUR-SAONE

46. NONNVS MONITARIVS. Buste diadémé à droite.

℟ CABILOINO. CIVITATE. Croix latine ayant deux globules à chaque extrémité, au-dessus d'un globe et d'une étoile et accostée de deux étoiles. *(Nonnus monétaire.)* OR. Tiers de sol, 1 gr. 25. B.

47. PRISCVS ET ΛOMNOLVS. Buste diadémé à droite. Une étoile dans le croissant qui surmonte le diadème.

℟ +CABILONNO. FIT. ΛE SE LEIAS. Croix latine accostée du chiffre VIII sur trois degrés. *(Priscus et Domnolus monétaires.)* OR. Tiers de sol, 1 gr. 28. B.

48. CAVILO NO FIT. Buste diadémé à droite. Traces d'une main devant la poitrine.

℞ +DOMVLFO MONITARIO. Même type du revers. (*Domulfus monétaire.*) OR. Tiers de sol, 1 gr. 26. B.

49. CAVILO NO FIT. Buste diadémé à droite.

℞ +DOMVLFO ET BAIONI M. N. Même revers. (*Domulfus et Baio monétaires.*) OR. Tiers de sol, 1 gr. 21. B.

50. CABILO NNO FIT. Buste diadémé à droite.

℞ DOMVLFVS ET BAIO MO. Croix soudée sur une base, accostée de CA rétrograde dans une guirlande de feuillage. OR. Tiers de sol, 1 gr. 21. B.

51. CAVILON+NO FIT. Buste diadémé à droite ; devant le profil, une fleur.

℞ +BAVDOMERE ET RIGNOALDO M. Même revers. (*Baudomeres et Rignoaldus monétaires.*) OR. Tiers de sol, 1 gr 22. B.

52. CAVA LONNO. Buste diadémé à droite.

℞ +BAVDEMIR E RIGNOALD. Croix potencée et chrismée accostée de AM. sur un globe et dans une couronne de feuillage. OR. Tiers de sol, 1 gr 20. T. B.

53. CABILON NO FIT. Buste diadémé à droite.

℞ — BAVDOMERES MONETARIVS. Même revers. (*Baudomeres monétaire.*) OR. Tiers de sol, 1 gr. 25. B.

54. CABILO NO FIT. Buste diadémé à mi-corps, à droite.

℞ — BAVDOMERES MONETARIVS. Même revers. OR. Tiers de sol, 1 gr. 18. B.

55. CABILONNO FIT. Buste diadémé à droite. Le diadème est surmonté d'un ornement.

℞ FRATERNO MON. Croix latine accostée de CA sur deux degrés, dans un grènetis. (*Fraternus monétaire.*) OR. Tiers de sol, 1 gr. 26.

56. — CAVILO NNO FIT. Buste diadémé à droite.

℞ + WINTRIO MON. Croix chrismée à gauche, accostée de CA, dans un diadème de perles, avec anneau et rubans d'attache. (*Wintrio monétaire.*) OR. Tiers de sol, 1 gr. 15. B.

57. + CAVIV.. NO IN. Buste diadémé à droite.

℞ + WINTRIO M. Croix soudée sur une base, accostée de CA, dans un diadème de perles, avec anneau et rubans. OR. Tiers de sol, 1 gr. 12.

58. CABIL ONNO T. Buste diadémé à droite.

℞ + V.... NAT. Croix latine sur deux degrés, accostée de CA, dans un diadème de perles avec anneau sans rubans. OR. Tiers de sol, 1 gr. 13. B.

59. + CABIL ONNO FIT. Buste diadémé à droite.

℞. + VVINTRIO MONETAROS. Croix chrismée accostée de CA, dans un diadème de perles fermé par un anneau cintré. OR. Tiers de sol, 1. gr. 21. T. B.

60. Même pièce, les O en forme de losange. OR. Tiers de sol. T. B.

61. + CABI LONNO FIT. Buste diadémé à droite.

℞ + VVINTRIO MON. Croix latine sur un degré, accostée de CA, dans un diadème de perles, fermé par un anneau cintré. OR. Tiers de sol, 1 gr. 15. B.

62. + CABI LONNO FIT. Buste diadémé à droite; petite croix devant le profil.

℞ + VVINTRIO MON. Croix chrismée accostée de CA, sur deux degrés, dans un diadème de perles avec rubans, sans anneau. OR. Tiers de sol. 1 gr. 19. B.

63. + CABIL ONNO FIT. Buste diadémé à droite.

℞ + VVINTRIO MON. Croix latine sur un degré accostée de CA, dans un diadème de perles, avec rubans, sans anneau. OR. Tiers de sol, 1 gr. 13. B.

64. + CABI LONNO FIT. Buste diadémé à droite.

℞ + VVINTRIONE MONE. Croix latine accostée de CA, sur trois degrés, dans un diadème de perles avec rubans, sans anneau. OR. Tiers de sol, 1 gr. 15. B.

65. CABILLONE FIT. Buste à droite.

℞. BONEFACIO MONETA. Croix sur deux degrés, accostée des lettres CA. (*Bonefacius monétaire.*) OR. Tiers de sol.

66. + CABI LONNO FIT. Buste diadémé à droite.

℞ + BONEFACIVS E VINTRIO. Croix latine accostée de CA, sur trois degrés, dans un simple grènetis. (*Bonefacius et Wintrio monétaires.*) OR. Tiers de sol, 1 gr. 21. B.

67. + CABI LONNO FIT. Buste diadémé à droite.

℞ + BONIFACIVS E VINTRIO. Croix latine accostée de CA, sur trois degrés dans un grènetis. OR. Tiers de sol, 1 gr. 16.

68. CABL + ONNO. Buste diadémé à droite.

℞ WMMOVS. Croix sur deux degrés, accostée de CA, dans un diadème de perles, avec un anneau et rubans. (*Mummolus monétaire.*) OR. Tiers de sol, 1 gr. 22. T. B.

69. La même pièce. OR pâle. Tiers de sol.   —   B.

70. La même pièce fausse du temps. CUIVRE.

71. + CABIL ONNO. (*lég. rognée.*) Buste de face.

℞ ... ...ADI.... Même type. (*Austadius monétaire.*) OR. Tiers de sol, 1 gr. or

72. CABL ONNO. (*lég. rognée*). Buste de face, sans accessoires.

℞ + AVSTAΔI..? (*rétrograde*). Croix accostée de CA, sur deux degrés, dans un grènetis. OR. Tiers de sol, 1 gr. 19.

73. + CABL ONNO. Buste de face, accosté de ΛΛΙΙ·

℞ + AVSTADIVS M. Croix accostée de CA, sur deux degrés, dans un grènetis. OR. Tiers de sol 1 gr. 14. B.

74. + CABL ONNO. Buste de face.

℞ + ABBONE. Croix accostée de CA, sur un degré, dans un grènetis. (*Abbon monétaire.*) OR. Tiers de sol, 1 gr. 23. B.

75. + CABL ONNO. Buste de face, accosté d'un globule et d'un anneau.

℞ + MAGNOALΛVS. Croix accostée de CA, sur deux

degrés, dans un grenetis. *(Magnoaldus monétaire.)* OR. Tiers de
sol, 1 gr. 32. T. B.

76. + CABL ONNO. Buste de face.
℞ + ED-CDM.....S. M. Même croix. *(Osias monétaire.)* OR.
Tiers de sol, 1 gr. 15.

77. CA BLO NN O+, dans les cantons d'une croix contenant un globule dans chaque angle.
℞. + ABBONE. Croix à six bras dans un grenetis. *(Abbon monétaire.)* AR. Denier, 1 gr. 35.

78. CA BL ON NO, dans les angles d'une croix cantonnée
de globules.
℞ + BODERICI. Croix à six bras, dans un grenetis. *(Bo...*
monétaire.) AR. Denier, 1 gr. 22.

79. R:..... Dans les cantons d'une croix, contenant un globule
dans chaque angle.
℞. Illisible. Croix à six bras dans un grenetis. AR. Obole.
0 gr. 72.

80. Illisible. Croix cantonnée de quatre globules.
℞ Illisible. Croix à six bras dans un grenetis. AR. Denier,
1 gr. 30.

81. ℞ Croix latine accostée de CA, dans un filet circulaire. OR.
Bractéate : demi-tiers de sol ou pièce de 6 deniers. 0 gr. 62.

MACON

82. + MATACONE C. Buste diadémé à droite.
℞ ✗ IVSE MONETARIVS. Croix pattée sur un globe, accostée de MA. *Juse monétaire.)* OR. Tiers de sol. 1 gr. 35. B.

83. Même type et même légende.
℞ Même type et même légende. OR. Tiers de sol rogné. —
Faux du temps. 0 gr. 80.

84. + MATI SCONE FIT. Buste diadémé à droite.

℞ .....VS. MONETA. Croix latine accostée de MA, sur un globe, dans un grènetis. (*Ramnivilus monétaire.*) Pièce fruste. OR. Tiers de sol, 1 gr. 25.

SECONDE LYONNAISE

ROUEN

85. + PTOTOM CIVITAT. Buste diadémé à droite.

℞ + MER TO M. Ostensoir ? accosté d'une abeille ? et d'une croix. (*Mertus monétaire.*) OR. Tiers de sol, 1 gr. 35.

86. ROTO + MO. Buste diadémé à droite, tenant un sceptre ou un rameau.

℞ + PECCANE M. Croix ancrée sur un degré. (*Peccanes monétaire.*) OR. Tiers de sol; 1 gr. 25. T. B.

87. ROTOMO CI. Buste diadémé à droite.

℞ BERTECHRAMNO MO. Croix grecque sur un globule, dans un diadème de perles. (*Bertechramnus monétaire.*) T. B. OR. Tiers de sol, 1 gr. 25.

88. + ROTOMO CIV. Buste orné d'un diadème uni. La légende commence en haut; la croisette initiale est plantée sur la tête.

℞.... TECHRAMNO.. Croix grecque sur un globe, dans un grènetis. OR. Tiers de sol. 1 gr. 30.

89. ROT. + O CI. Buste diadémé à droite.

℞. + BERTECHRAMNO. Croix grecque pattée, sur un globe dans un grènetis. OR. Tiers de sol, 1 gr. 30 n.

90. + ROTOMO CI. Buste à droite, sous la croix de la légende.

℞. + CHACNOAL.. S. Croix grecque sur un globe, dans un grènetis. (*Chagnoaldus monétaire.*) OR. Tiers de sol. 1 gr. 30.

91. RODOMO CI. Tête barbare à gauche.

ß + ER... LDO. Croix grecque dans un grènetis. (*Ermoaldus monétaire.*) OR. Tiers de sol, 1 gr. 20.

CARVILLE

92. + KROVILLVM F. Buste diadémé à droite.

ß + CINSVLFO MON. Croix cantonnée de deux globules, sur la croisette de la légende. *(Cinsulfus monétaire.)* OR. Tiers de sol, 1 gr. 05. B.

TROISIÈME LYONNAISE

TOURS

CHILDEBERT ROI

93. + CHILD BERTI. Buste diadémé à droite.

ß + TORONI ANTIMI M. Quadrupède ayant des griffes, un bec d'oiseau et des cornes, tourné à droite et regardant en arrière. *(Antimius monétaire.)* OR. Tiers de sol. 1 gr. 30. B.

DAGOBERT I ROI

94. GEMELLVS. Buste diadémé à droite.

ß. DAGOBERTVS RE. Croix accostée de deux globules sur un degré. *Gemellus monétaire.* OR. Tiers de sol. 1 gr. 20. T. B.

BASILIQUE DE SAINT-MARTIN DE TOURS

95. SCI MARTINI. Buste diadémé à droite.

ß RACIO BASILIC. Croix latine sur un globule. *Époque de Donnegiséle.)* OR. Tiers de sol. 1 gr. 20. T. B.

96. + SCI MARTINI. Buste diadémé à droite.

ß. RACIO BASILICI. Croix latine sur un globule. *Époque d'Adelmarus.* OR. Tiers de sol. 1 gr. 15. Pièce brisée et ressoudée.

97. SCI MARTINI. Buste diadémé à droite, double diadème.
℞. RACIO BASILICI. Croix fichée sur un globe. (*Époque de Maurus.*) OR. Tiers de sol, 1 gr. 20. B.

98. SCI MARTINI. Même type. Diadème simple.
℞ RACIO BASILICI. Croix sur un globule. (*Même époque.*) OR. Tiers de sol, 1 gr. 20. T. B.

LANGEAIS

99. ALINGAVIAS. Buste diadémé à droite.
℞ + FRATERNO MO. Croix sur un globe et deux degrés sous la croisette de la légende. (*Fraternus monétaire.*) OR. Tiers de sol, 1 gr. 10. B.

AMBOISE

100. AMBACIA VICO M. Buste diadémé à droite.
℞ PATOR... NINO M. Croix ancrée soudée sur une base carrée contenant deux globules. Au-dessus trois globules coupant la légende. (*Patorninus monétaire.*) OR. Tiers de sol, 0 gr. 95. T. B.

101. ANBACIA VICO. Buste diadémé à droite.
℞ PATO... RNINO. Croix ancrée sous les trois globules qui interrompent la légende, sur une petite croix soudée à un degré et renversée. OR. Tiers de sol, 1 gr. 30. B.

102. ANBACIA VICO. Buste diadémé à droite.
℞ PATOR... NINO. Croix ancrée sous les trois globules qui coupent la légende sur un anneau contenant un globule et soudé sur un degré. Deux globules accompagnent le pied de la croix. OR. Tiers de sol, 1 gr. 12. B.

103. ANGALIA VICO F. Buste diadémé à droite.
℞ FRANCOBODVS. Croix sur deux degrés. (*Francobodus monétaire.*) OR. Tiers de sol, 1 gr. 20. B.

104. AMBACIA. Buste diadémé, dit au *chaperon perlé*, à droite.
℞ +RICISILVS. Croix ancrée, fichée sur un globe. (*Ricisilus monétaire.*) OR. Tiers de sol, 1 gr. 10. B.

BETZ

105. BACIATE VICO. Buste diadémé à gauche.

℟. +EIARI... ANO M. Croix ancrée sous les trois globules qui coupent la légende et sur la croisette initiale. *(Elarianus monétaire.)* OR. Tiers de sol, 1 gr. 10. B.

CIRILIACUM

106. CI+IRIAIACO. Buste à droite, style cintré et chaperonné.

℟ +LAVNOMVNDV. Croix ancrée, fichée sur un globe, cantonnée de globules en 1 et 2, et de croisettes en 3 et 4. *(Launomundus monétaire.)* OR. Tiers de sol, 1 gr. 50.

107. CIRIALACO. Buste à droite, au chaperon perlé.

℟ +LAVNOMVND. Croix ancrée sur un globe, cantonnée de globules en 1 et 2 et de croisettes en 3 et 4. OR. Tiers de sol, 1 gr. 20. T. B.

108. La même, pièce moins lisible. OR. 1 gr. B.

109. CIRIALACO. Buste à droite, en chaperon perlé.

℟ L..... MVNDO M. Croix ancrée. OR. Tiers de sol, 1 gr.

CISOMUS (CHISSEUX)

110. CISOMO VI. Tête diadémée à droite.

℟ DOMOLVS. M. Croix latine sur deux degrés séparés par une ligne de perles. *(Domolus monétaire.)* OR. Tiers de sol, 1 gr. 10.

LIMERAI

111. LIMA..... RIACO F. Tête à droite.

℟ +MEDOB-ODVS M. Croix grecque sous la croisette et sur le trait horizontal de la légende. *(Medobodus monétaire.)* OR. Tiers de sol, 1 gr. 10.

112. LIMARIACO. Buste à droite.
℞ MEDOBODVS. M. Croix grecque. OR. Tiers de sol, T. B.

NEUVY-LE-ROI

113. FLAVSTVS. Buste lauré à droite.
℞ NOVO VICO. Croix grecque sur un globe, accostée de G R. (*Flaustus monétaire.*) OR. Tiers de sol. T. B.

CIRAN

114. GIRALLO FITVR. Buste à droite.
℞ + EBRVLFVS FECIT. Victoire debout. (*Ebrulfus monétaire*). OR. Tiers de sol. 1 gr. 30.

VEUVES

115. VIDVAVICO FIT. Buste diadémé à droite, style casqué.
℞ FRANC... OBODVS. Croix ancrée sous les globules de la légende, sur un anneau soudé sur un degré et contenant un globule. (*Francobodus monétaire.*) OR. Tiers de sol. 1 gr. 30. B.

V...

116. + VV... IO V. Buste diadémé à gauche, style cintré et perlé.
℞ + TEVDOSINDO. Croix sur la croisette de la légende. (*Teudosindus monétaire.* OR. Tiers de sol, 1 gr. 10. (*Cette pièce doit être reportée à Wassy.*)

TICINIACUM

117. IICINNACO. Buste à gauche.
℞ CHARIGISI. Croix ancrée. (*Charigiselus monétaire.*) OR. Tiers de sol. B.

LE MANS

118. + CENO. Deux personnages séparés par une ligne verticale de quatre globules.

℞ AVDOLAICO N. Petite croix. *(Audoloicus monétaire.)* AR. Denier. 1 gr. 30. B.

LOCALITÉ INCERTAINE

119. ...ANDVL. Buste à droite.

℞ LANDVLDO M. Croix grecque *Landulfus monétaire*. OR demi-sol. B.

BALLON

120. BALAIONN. Buste à droite, style chaperon perlé.

℞ + ISOBAVDE. Croix ancrée cantonnée de croisettes et fichée sur un globe. *Isobaudus monétaire*. OR. Tiers de sol. 1 gr. 25. B.

BELLO FACTO ?

121. BELLOFAEIO. Buste diadémé à droite, style casqué; profil concave.

℞ THVEDOMVND. Croix égale sur deux degrés. *Peut-être + FREDOMVND.)* OR. Tiers de sol. 1 gr. 05. B.

122. BELLOFAECO. Buste diadémé à droite.

℞ FREDOMVND. Croix sur trois degrés. *Fredomundus monétaire.* OR. Tiers de sol. 1 gr. 15. B.

ILIOVIME ?

123. VIMINDI + Buste diadémé à droite, profil concave.

℞ ILIOVIME + Croix accostée de deux globules, sur trois degrés. *Vimindis monétaire.* OR. Tiers de sol. 1 gr. 15.

COLOSA

124. COLOSA FIIT. Buste diadémé à droite, profil concave.
℞ LOPPVS MO. Croix sur deux degrés. (*Loppus monétaire.*)
OR. Tiers de sol, 1 gramme.

ARMORIQUE

RENNES

JUDICAEL ROI DE BRETAGNE ?

125. O.. ICINA. Buste diadémé à droite, croix sur la poitrine. Dans le champ : R (REDONVM. OFFICINA.)
℞ IVTIC IN. Victoire armoricaine tenant une croix. OR. Tiers de sol.

126. La même pièce, mais illisible. OR. Tiers de sol.

ANGERS

127. + ANDEC AVIS. Buste diadémé à droite, coupant la légende.
℞ BAVDVLFVS FECIT. Victoire de face, tenant un bâton surmonté d'un X, sur un degré. (*Baudulfus monétaire.*) OR. Tiers de sol, 1 gr. 45.

128. AND.. ICAVI. Buste diadémé à droite.
℞ ALLONI MO. Croix sur un globe. (*Allo monétaire.*) OR. Tiers de sol, 1 gr. 22.

129. ANDECAVIS. Buste à droite.
℞ SEVDVLFVS. Croix ancrée. (*Seudulfus monétaire.*) OR. Tiers de sol. B.

INCVMMONICO

130. **+ IN CVMMONICO.** Buste diadémé à droite.
℞ FIDERICVS MONETAR. Croix ancrée sur un globe.
(*Fridericus monétaire.*) OR. Tiers de sol. 1 gr. 25.

NANTES

CARIBERT, ROI D'AQUITAINE

131. CHARI BERTVS R. Buste diadémé à droite, croix sur
la poitrine.
℞ + TREII CIVIT. Victoire armoricaine à droite. OR. Tiers
de sol. 1 gr. 30.

Ce tiers de sol est armoricain, et pourrait être attribué à Tré-
guier à cause de la légende du revers. Mais Caribert ne régnait
qu'au sud de la Loire, et la pièce qui provient de la collection Guil-
lemot, de la Rochelle, paraît avoir été trouvée près de cette ville.
Cette pièce doit être unique.

132. + NAMNETI. Buste à droite, style chaperon perlé.
℞ VILIOMVD. Croix ancrée, accostée de deux globules, sur
un globe. (*Vehemundus monétaire.*) OR. Tiers de sol. 1 gr. 25.

CHAMBON

133. FRA + NCIO. Deux saints personnages sur une barque.
Guirlande extérieure.
℞ CAMDIDONNO. Croix grecque dans un diadème avec
rubans d'attache. Guirlande extérieure. *Francio monétaire.* OR.
Tiers de sol. 1 gr. 30. T. B.

134. CAMDONNO. Buste à droite.
℞. FRANCO. Figure debout. OR. Tiers de sol.

JUBLAINS

135. + OF.... NA. Tête du diable ?

℞ GOMOALDVS. Croix grecque sur deux degrés, cantonnée de petites croix aux premier et deuxième cantons. (*Gomoaldus monétaire.*) OR. Tiers de sol, 1 gr. 30. B.

136. Légende illisible. Tête de face.

℞ INGOALDO. Croix ancrée. (*Ingoaldo monétaire.*) OR. Tiers de sol.

137. ┼ DIABLENTAS. Quadrupède à bec d'oiseau (diable) marchant à droite.

℞ ┼ DVNBERTO MO. Croix accostée de deux globules, sur la croisette de la légende. (*Dunbertus monétaire.*) AR. Denier, 1 gr. 15. T. B.

QUATRIÈME LYONNAISE

LIEUSAINT

138. LOCO SANTO. Buste diadémé à droite.

℞ ┼ DACOALDO. Croix dont les extrémités supérieures sont fendues (bifurquées) dans un diadème de perles avec anneau de perles cintré. La croix et accostée des lettres L O. (*Dacoaldus monétaire.*) OR. Tiers de sol. 1 gr. 20.

PROFUNDA SILVA

139. PREVVNDA SILVA. Buste chaperonné à droite, croisette devant la bouche.

℞ MAGNVLFI. Croix fichée sur un globe. (*Magnulfus monétaire.*) OR. Tiers de sol, 1 gr. 40.

140. PREVVNDA SILVA. Tête chaperonnée à droite.

℞ MAGNVLFI ┼ Croix au-dessus d'un globe. OR. Tiers de sol. 1 gr. 25.

ORLÉANS

141. ┼ MAVRINVS MONITARI. Tête diadémée à droite ; croisette devant le profil.

℞ + AVRILIANIS CIVI. Croix grecque dont les trois extrémités supérieures sont ornées de deux globules; placée sur trois degrés. (*Maurinus monétaire.*) OR. Tiers de sol. 1 gr. 32. B.

142. + MAVRINIS MO. Buste diadémé à droite; croisette devant le profil.

℞ + AVRILIANIS CIVIT. Même croix sur deux degrés. OR. Tiers de sol, 1 gr. 10. B.

143. AVRILIANIS. Buste diadémé à droite. style chaperonné.

℞ + BERTVLFVS. Croix latine sur un globe, accostée de deux chrismes (croix à six bras.) (*Bertulfus monétaire.*) OR. Tiers de sol, 1 gr. 30. B.

144. IACO MONETARIVS. Buste diadémé à droite.

℞ AVRELIANIS FIT. Croix latine ancrée, soudée sur un globe. (*Iaco monétaire.*) OR. Tiers de sol. 1 gr. 30.

145. IACOTE MONE. Buste diadémé à droite.

℞ AVRILIANIS. Croix ancrée soudée sur un globe. OR. Tiers de sol. 1 gr. 25.

146. + AVRILIANIS. Tête à droite. style chaperon perlé.

+ IACOTE MO. Croix ancrée soudée sur un globe. OR. Tiers de sol, 1 gr. 28. B.

147. NILIANIS. Buste à droite. chaperon perlé.

℞ NG + VLFV M. Croix ancrée fichée sur un globe. (*Angulfus monétaire.*) OR. Tiers de sol. 1 gr. 30. B.

148. La même pièce. OR. Tiers de sol.

149. ...LIANIS. Buste à droite. chaperon perlé.

℞ NGVLFVA Croix ancrée. fichée sur un globe. OR. Tiers de sol. 1 gr. 22.

150. La même pièce, variée. OR. Tiers de sol.

151. La même — — OR. Tiers de sol.

152. MARTIN..... RI (peu lisible). Tête radiée à droite.

℞ + AVRILIANIS CIVITI. Croix fichée, dont les trois extrémités supérieures sont ornées chacune de deux perles. (*Martinus monétaire*. AR. Denier. o gr. 88.

153. + MARTINVS MONIT. Tête radiée à droite.

ɧ .....OTCII... Même croix plus grossière. AR. Denier, 1 gr. 18.

154. Illisible ? Tête radiée à droite.

ɧ + SA..... INEP. ou A..... IN EPS. Même croix. AR. Denier, 1 gr. 20.

MEAUX

155. MELDVS CIVE. Buste diadémé à droite.

ɧ + ALACHARIO MONETA. Croix chrismée à gauche, soudée sur un globe, cantonnée de quatre globules au fond des angles, et ornée de deux perles à l'extrémité de chacun des deux bras. Des globules, presque imperceptibles accostent la croix et rappellent le chiffre VII. (*Alacharius monétaire*.) OR. Tiers de sol. 1 gr. 45.

CHELLES

156. ...OCAV. Tête à droite, chaperon perlé.

ɧ CALAS IN ? Croix ancrée, fichée sur un globe (pièce fruste). Demi-tiers de sol. o gr. 66.

PARIS

157. + PARISIVS CIVE. Buste diadémé à droite.

ɧ |- ARNEBODE MON. Croix ancrée, fichée sur un globe. (*Arnebodes monétaire*.) OR. Tiers de sol. 1 gr. 25.

158. + PARISIVS. Tête de face.

ɧ + ARNOALDVS M. Croix ancrée fichée sur un globe. (*Arnoaldus monétaire*.) OR. Tiers de sol, 1 gr. 25.

159. + PARISIVS MN. Tête de face. (*Légende rétrograde.*)

ɧ ARNOALDVS MO. Croix ancrée fichée sur un globule. OR. Tiers de sol. 1 gr. 20. B.

160. + PARISIS. Buste diadémé à droite.

℞ ELIGVS M. Croix (*Saint Éloi monétaire.*) OR. Tiers de sol. 1 gr. 35. T. B.

161. PARI SIVS. Buste diadémé à droite.

℞ ELEGIVS MON. Croix ancrée fichée sur un globe. (*Même monétaire.*) OR. Tiers de sol. 1 gr. 30.

CLOVIS II ET SAINT-ÉLOI

162. HLODOVEVS REX. Buste diadémé à droite.

℞ PARISIVS IN CIVE + Croix ancrée fichée sur un globe. Dans le champ, ELI GI accostant la croix. OR. Tiers de sol. 1 gr. 30. B.

163. PARISIVS. Buste diadémé à droite.

℞ CHLODOVIVS REX. Croix ancrée et fichée dans le champ. EL. IG. accostant la croix. OR. Tiers de sol, 1 gr. 25. T. B.

164. La même pièce. OR. Tiers de sol. B.

165. La même pièce. OR pâle. Tiers de sol. B.

166. PARISIVS. Tête à droite, chaperon perlé.

℞ VITALIS MON. Croix ancrée sur un globe. *Vitalis monétaire.*) OR. Tiers de sol. 1 gr. 15. T. B.

167. PARISIVS EIT. Tête à droite, chaperon perlé.

℞ VITALS MONE. Croix ancrée sur un globe. OR. Tiers de sol. 1 gr. 25. B.

PARIS

L'ÉCOLE DU PALAIS

168. ESCOLARE MONE. Buste diadémé à droite.

℞ RAGNOMARES M. Croix fichée sur un globe. (*Ragnomares monétaire.*) OR. Tiers de sol. 1 gr. 25. Fruste.

169. + PALATI MON. Buste diadémé à droite.

℞ + ESCOLARES MO. Croix ancrée, fichée sur un globe.

accostée de EL·IGI. (*Saint-Eloi monétaire.*) OR pâle. Tiers de sol,
1 gr. 12. B.

PARIS

LE PALAIS

170. IN D NACIO I. (*pour* IN PALACIO FIT.) Buste diadémé à
droite.
℞ INGOMARO NOVI. Croix ancrée soudée sur un globe.
(*Ingomarus monétaire.*) OR. Tiers de sol, 1 gr. 20. T. B.

171. MONE IACO MO +. Buste diadémé à droite.
℞ + VVANGEL. SAIC. Croix ancrée sur trois degrés. (*Wan-
delair? et Jaco? monétaires.*) OR. Tiers de sol. 1 gr. 25. B.

172. IN PALACIO. Buste diadémé à droite.
℞ Croix crossée. (Croix grecque terminée par quatre crochets
en forme de crosse. Cette croix imite deux S croisés.) AR. Denier,
1 gr. 20. B.

173. Croix ancrée accostée des lettres OA.
℞ Croix crossée. Deux groupes de trois perles en triangle, à
l'extrémité de deux des crosses. AR. Denier, 1 gr. 05.

174. Même type plus grossier.
℞ Même type avec des groupes de trois globules aux quatre
crosses. AR. Denier, 1 gr. 18.

175. + PARISIVS. Buste à droite.
℞ Croix grecque ancrée aux pendentifs, cantonnée de quatre
globules, dans un grènetis interrompu en haut par une croisette ;
à gauche, à droite et au bas, par un anneau contenant un globule.
AR. Denier. 1 gr. 30.

176. + PARISIVS. Buste diadémé à droite.
℞ Même type ; au lieu du grènetis, un filet ou trait uni. AR. Denier, 1 gr. 20.

177. TEODOAL. Croix grecque,
℞ Monogramme. (*Theodald monétaire.*) AR. Denier. B.

178. CL... ICO. F. Croix ancrée, accostée de deux globules, dans un grènetis.

℞ ER. (ECCLESIAE RACIO.) Sous une croisette dans un grènetis. Globules dans le champ, à côté de la croisette, et dans l'E lunaire. AR. Denier, 1 gr. 30.

179. + VIDV. F. Buste à droite.

℞ ..VVAI... M surmonté d'une croix AR. Denier, 0 gr. 90.

180. + NI. B. F. Tête? à droite, entourée d'un grènetis.

℞ E couché, ou M surmonté d'une croix accostée de deux groupes de trois globules. AR. Denier. 0 gr. 85.

181. + V. Buste radié à droite.

℞ Monogramme de NSCE? Croix au-dessus et au-dessous, globules dans le champ. AR. Denier. 1 gr. 30. Trois variétés. B.

182. Mêmes types; quatre autres pièces variées. B.

SAINT-DENIS

183. + CA.. LACO. Buste diadémé à droite.

℞ + EBIECISIRO. Croix ancrée sur un globe. *Ebregisilus monétaire.* OR. Tiers de sol, 1 gr. 25. B.

184. CATOLACO. Buste diadémé à droite.

℞ + EBREGISILO. Croix ancrée sur un globe. OR. Tiers de sol, 1 gr. 25. T. B.

185. La même pièce. OR. Tiers de sol. B.

186. EBRECISILO. Buste diadémé à droite.

℞ SCI DIONS-II MN. Croix latine ancrée. OR. Tiers de sol, 1 gr. 35.

187. + ...LIACO. Buste diadémé à droite.

℞ ANVV (WAN) LEG (EGI) SELO + M. Croix latine sur un globe, accostée de IƆƎ. ELIGI *rétrograde.*) (*Vanegisclus? monétaire.*) OR. Tiers de sol. 1 gr. 22.

CORI....MUNDUS ?

188. CORI (*ou* DORT) MVNDO VIC. Buste diadémé à droite.

℞ + VVANDELEGISELO M. Croix latine, accostée de IƆ IƎ (ELIGI , sur un globe. OR. Tiers de sol, 1 gr. 30.

ESSONNE

189. EXONA FICIT. Buste à droite.

℞ + BETTONE MONT. Croix sur un globe, dans un grènetis. (*Bello monétaire.*) OR. Tiers de sol, 1 gr. 30. B.

190. EXONA FICIT. Buste diadémé à droite.

℞ + BETTONE MVNE. Croix fourchée au sommet, potencée aux bras, posée sur trois degrés, dans un grènetis ; filet extérieur uni. OR. Tiers de sol, 1 gr. 30. B.

DRAVEIL

191. + DRAVERNO C. Tête diadémée à droite.

℞ LANDERICO. Croix fichée sur un globe. (*Landericus monétaire.* OR.) Tiers de sol, 1 gr. 32.

TROYES

192. TRE.... CAS + Buste très large d'épaules, diadémé, à droite.

℞ + AVDOLENVS MON. Croix chrismée sur un degré et un globe, dans une couronne de feuillage. (*Audelenus monétaire.*) OR. Tiers de sol, 1 gr. 25.

193. + TREC AS FIT. Buste diadémé à droite.

℞ + AVDOLENVS MO. Croix latine sur un globe, accostée des lettres AƆ. (*CA rétrograde*) dans une couronne de feuillage. OR. Tiers de sol, 1 gr. 30.

ARCIS-SUR-AUBE

194. ARCIACAS. Buste à droite, style chaperonné.
℞ MAVRINOS. Croix latine ancrée, soudée sur un globe.
Maurinus monétaire. OR. Tiers de sol. 1 gr. 25.

PREMIÈRE BELGIQUE

TRÉVES

195. TREVERIS CIVITATE. Buste diadémé à droite.
℞ VICTVRI. A AGSTR. Victoire à gauche, tenant une croix
sur un globe.
Dans le champ, à gauche, une étoile. A l'exergue. W. OR. Tiers
de sol. 1 gr. 40. T. B.
196. LAVNOVIOS MONETARIVS. Buste diadémé à droite.
A l'exergue. CONSTII.
℞ + TREVERIS CIVETATE OBRIVS FII. Croix latine
accostée de TR. sur un globe. *Obrius et Launovius monétaires.*
OR. Tiers de sol. 1 gr. 28. T. B.
197. MONVALDVS MONETARIVS. Buste diadémé à droite.
A l'exergue. CONSTII.
℞ + TREVERIS CIVTATE OBRIV. Croix accostée de TR.
sur un globe. *Obrius et Monvaldus monétaires.* OR. Tiers de sol.
1 gr. 30. T. B.

NORD DE LA PREMIÈRE BELGIQUE
OU PLUTOT
PREMIÈRE GERMANIE

198. IENL. Buste diadémé à droite.
℞ Type romain de deux empereurs de face avec la Victoire
étendant ses ailes au-dessus d'eux. OR. Tiers de sol. 1 gr. 30. B.

199. IAN +. Même buste à droite.

℞ Même type. OR pâle. Tiers de sol, 1 gr. 22. B.

200. OTAS IVS. Même type.

℞ ..... IMVNDVS NVN. Croix grecque dans un double grénetis. Autre grénetis à l'extérieur de la légende. OR très pâle. Tiers de sol, 1 gr. 27. B.

201. OS AVS. Même type.

℞ + TMVS. NMC. Même type. OR très pâle. Tiers de sol, 1 gr. 23.

202. O. IVS. Même type.

℞ + TMVS DOS MVOC. Même type. OR très pâle. Tiers de sol, 1 gr. 25.

203. T IVS. Même type.

℞ + TMVS. NVMVC. Même type. Croix grecque épaisse. OR très pâle. Tiers de sol. 1 gr. 25.

METZ

204. METATS. Buste diadémé à droite.

℞ TEVD — EGISILVS. Croix grecque potencée et rayonnante, sous l'étoile de la légende, sur un globe accosté de VII, et sur un large degré. (*Teudegiselus monétaire.*) OR. Tiers de sol, 1 gr. 15. B.

205. THEVDEGESILVS M. Buste diadémé à droite.

℞ METTE..S FIET. Croix latine, accostée de un globule à gauche et deux à droite. OR. Tiers de sol, 1 gr. 32. B.

206. METTIS CIVETATI. Buste diadémé à droite.

℞ + ANSOALDVS MONET. Croix latine accostée de CA rétrogrades, dans une couronne de feuillage. (*Ansoaldus monétaire.*) OR. Tiers de sol, 1 gr. 30. B.

207. METTIS CIVETATI. Buste diadémé à droite.

℞ +AIANLCAI MNCT peu lisible. Croix accostée de CA une dans couronne de feuillage. OR. Tiers de sol. 1 gr. 22. B.

208. +METTES. Buste à gauche.

℞ ... NVICO CAIVIV (peu lisible). Croix dans un grènetis.
OR. Tiers de sol. 1 gr. 20.

DAGOBERT II, ROI

209. ME en monogramme sous un trait d'abréviation.

℞ D sous un trait d'abréviation. AR. Denier, 1 gr. 18. B.

(On attribue ce denier à Dagobert II, mais il est peut-être de
Melle (ME *tullum* et le D signifierait *Denarius*.)

210. Quatre variétés de la même pièce. AR. Deniers.

DIEUZE

211. DOSO VICO..... Buste diadémé à droite.

℞ + BOCCINIIDO MONITA. Croix cantonnée de deux
globules aux 1" et 2" et de CA aux 3" et 4". *Boccindus monétaire.*
OR. Tiers de sol. 1 gr. 20.

MÉZIÈRES

212. MALLO MATIRIACO. Buste diadémé à droite.

℞ + THEVDELENVS MOT. Croix grecque accostée de CA
dans une couronne de feuillage. *Teudelenus monétaire.* OR. pâle
ou AR. Tiers de sol. 1 gr. 25.

MARSAL

213. MARS... CINTI? Buste diadémé à droite, tenant une
croix.

℞ + MVLDVLENV. MONITA. Croix soudée sur une base,
sur un globe, accostée de deux A, sur deux groupes de globules
4 et 4 dans un trait circulaire simple. *Maldulenus monétaire.* OR.
Tiers de sol. 1 gr. 25.

MOYENVIC

214. MEDIANV VICV. Buste diadémé à droite.

℞ VVALEECHRAMN... Croix soudée sur une base, accostée

de CA dans une couronne de feuillage. (*Waltechramnus monétaire.*)
OR. Tiers de sol, 1 gr. 30.

TOUL

215. + TVLLO CIVITA. Buste diadémé à droite.
℞ + DRVCTOALDVS MO. Croix latine sur un globe, accostée de TV. dans une couronne de feuillage. (*Ductroaldus monétaire.*) OR. Tiers de sol, 1 gr. 30. B.

NOVIGENTUM

216. — NOVICENTV VICO. Buste diadémé à droite.
℞ + MEFERAMNI. Croix grecque cantonnée de deux globules aux premier et deuxième cantons et de CA aux troisième et quatrième dans une couronne de feuillage. (*Meferamnus monétaire.*) OR très pâle ou argent. Tiers de sol. 1 gr. 20.

CHARPEIGNE

217. SCARPONNA T. Buste diadémé à droite.
℞ + FAINVLFO MONETI. Croix grecque accostée de CA dans une couronne de feuillage. *Fainulfus monétaire.*) OR. Tiers de sol, 1 gr. 30. B.

218. SCARPONNAT. Buste diadémé à droite.
℞ + N. E. VLFO MONETAT. Croix grecque accostée de CA, dans une couronne de feuillage. OR. Tiers de sol, 1 gr. 20.

VERDUN

219. VEREDVNO FIET. Buste diadémé à droite.
℞ FRAGIVLFVS. MV. Croix latine soudée sur une base, au-dessus d'un gros globe accosté de deux globules. *Fragiulfus monétaire.*) OR. Tiers de sol, 1 gr. 35. T. B.

220. VEREDVNO FIT. Buste diadémé à droite : croix sur la poitrine.

℞. MAVRACHARIVS M (peu lisible). Croix latine sur un globe supporté par deux traits obliques et entouré d'un cercle de perles. *Mauracharius? monétaire.* OR. Tiers de sol. 1 gr. 35.

221. + VERI DVNO. Buste diadémé à droite.

℞. DODO MVNET. Croix soudée sur une base. *Dodo monétaire.* OR. Tiers de sol. 1 gr. 32 (fruste).

BEAUMONT-EN-ARGONNE

222. BELLO MO. Buste diadémé à droite.

℞. ERMOALDVS. MON. Croix latine soudée sur une base et sur un globe accostée de AV. dans un grènetis. *Ermoaldus monétaire.* OR. Tiers de sol rogné. 1 gr.

223. AVDIER.. NVS. Buste diadémé à droite : devant le profil, un serpent.

℞ + BELLO + MONTE. Croix soudée sur une base au-dessus d'un degré et d'un globule, sous un autre globule, dans un double grènetis : le tout conjugué avec les deux croisettes de la légende. *(Audiernus monétaire.* OR. Tiers de sol. 1 gr. 20.

SECONDE BELGIQUE

REIMS

THÉODEBERT ROI

224. DN. THODEBERTVS AVG. Buste de face avec le casque et la lance.

℞ VICTORIA AVGGG. Victoire de face. A l'ex. : CONOB. dans le champ un monogramme. R. E.. (Reims). Sol. d'or. 8.

225. SANTI REMI VICO. Buste casqué à droite.
℟ BETTO. MONE. PR. AR au-dessus de AT plus petits, dans un diadème de perles. (*Betto monétaire.*) OR. Tiers de sol, 1 gr. 35. B.

226. + AVICIO C. Buste à droite, style casqué de Châlons-sur-Marne.
℟ ERMOALDO. Croix ancrée fichée sur un globe entouré d'un cercle de perles. *Ermoaldus monétaire.* OR. Tiers de sol, 1 gr. 30. B.

MOUZON

227. MOSOMO CASTELLO. Buste diadémé à droite. Devant une petite croix.
℟ VICTVRI AGST. Victoire à gauche, tenant une croix et un globe. OR. Tiers de sol, 1 gr. 35. B.

228. MOSOMO FIET. Buste diadémé à droite.
℟ CAIO? BODES MO. Croix soudée sur une base. (*Caio? Bodes monétaire.* OR. Tiers de sol, 1 gr. 30. B.

VIENNE-LE-CHATEAU

229. I. VIENNA VICO. Buste diadémé à droite.
℟ + I — GVNDOMARD. Croix sur trois degrés. OR. Tiers de sol, 1 gr. 18. B.

ENVIRONS DE CHALONS-SUR-MARNE

230. Buste diadémé à droite, style casqué de Châlons-sur-Marne. Devant le profil, une petite croix.
℟ + LEVDELINVS MO. Croix grecque dans une couronne de feuillage ; autre couronne semblable en dehors de la légende. *Leudelinus monétaire.* OR. Tiers de sol, 1 gr. 15. B.

231. Deux autres pièces semblables. OR. Tiers de sol. B.

SOISSONS

232. SVESSIONIS FIT. Buste à droite, style belge.

℞ BETTO MO. Croix latine soudée sur une base au-dessus d'un globe, entouré de perles. (*Bello monétaire.*) OR. Tiers de sol. 1 gr. 30. T. B.

233. SVESSIONIS. Buste diadémé à droite.

℞ RAGNEMARO. Croix grecque soudée sur un globe. (*Ragnemarus monétaire.*) OR. Tiers de sol. 1 gr. 30. T. B.

NOYON

234. NOVIOMO. Buste à droite.

℞ CHA — ICILLO. Croix ancrée sur un globe accosté de deux croisettes. (*Charicillus monétaire.*) OR. Tiers de sol. B.

LENS

235. + AEGOALDO MO. Buste diadémé a gauche. Devant le profil : O.

℞ + LENNA CAS. Croix grecque sur deux degrés, dans un grènetis. (*Acogoaldus monétaire.*) OR. Tiers de sol. 1 gr. 25. B

SENLIS

236. SILVANECTI. Buste diadémé à droite.

℞ SIGOMARVS MI. Croix ancrée, soudée sur une base. (*Sigomarus monétaire.*) OR. Tiers de sol. 1 gr. 30. B.

QUENTOVIC

237. VVICO FIT. Buste diadémé, cheveux hérissés à droite, couronne de feuillage en dehors de la légende.

℞ DVTTA MONET. Croix soudée sur un degré, au-dessus de deux autres degrés; couronne de feuillage à l'extérieur. *Dutta monétaire.*) OR. Tiers de sol, 1 gr. 35. B.

238. + VVICO FIT. Buste diadémé à droite, plus barbare que le précédent.

℞ DVTTA MONET. Croix latine soudée sur une base concave, au-dessus d'un autre degré. OR. Tiers de sol, 1 gr. 28.

239. + ELA MONIT. Tête diadémée à droite.

℞ VVICVS FIT. Croix à tête potencée, soudée sur une base haussée sur deux supports, entre lesquels une croix. (*Ela monétaire.*) OR. Tiers de sol, 1 gr. 35. T. B.

240. Même pièce. OR. Tiers de sol. B.

241. VICVS C+VIT. Tête diadémée à droite.

℞ ANCCO. MONET. Croix soudée sur une base haussée sur deux supports verticaux, entre lesquels est une petite croix. *Anglus monétaire.*) OR. Tiers de sol, 1 gr. 30. B.

242. Même pièce variée. OR. Tiers de sol. B.

243. Même pièce variée (beau style). OR. Tiers de sol. T. B.

244. Même pièce variée (très barbare). OR. Tiers de sol.

245. VVICVS FICIT. Buste diadémé à droite. Un chapelet de perles entoure la tête et se termine à une croisette qui est placée devant le profil.

℞ ANGLO MONET. Croix au-dessus d'un degré supporté par deux traits verticaux qui forment un cartouche carré dans lequel est un anneau. OR très pâle. Tiers de sol, 1 gr. 30. B.

246. VVICVS FICIT. Buste à droite, diadémé, entouré d'un chapelet de perles interrompu devant le profil; sans croisette dans le champ. Le manteau orné d'une ligne horizontale de perles entre deux lignes d'anneaux.

℞ ANGLO MONET. Même type. OR. Tiers de sol de très bas titre. presque en argent, 1 gr. 32. B.

BOULOGNE-SUR-MER

THÉODEBEHT Iᵉʳ. ROI

247. D. N. THEODEBE. RTVS VICTOR. Buste casqué de face, tenant une haste sur l'épaule droite et un bouclier au bras

gauche. Sur ce bouclier est représenté un cavalier à droite. Au sommet du casque, une sorte d'aigrette représentant un soleil.

℞ VICTORI. A AVCCC I. Victoire tenant à gauche une grande épée cruciforme et à droite un globe supportant une croix latine pattée. Dans le champ, à droite et à gauche de la Victoire, les initiales BO. A l'exergue : ICO.. B. OR. Sol. 4 gr. 35. B.

VIMEUX

248. WIMINAO. Buste diadémé à droite, sous la croisette de la légende, guirlande de feuillage au pourtour.

℞ PIPERONE. Deux croix latines soudées sur des globes, au-dessus de trois degrés. Entre les deux croix, une étoile au milieu du champ. (*Pipero monétaire.*) OR. Tiers de sol, 1 gr. 35.

PREMIÈRE GERMANIE

MAYENCE

249. M. Sous une croix et sur deux globules, dans un grènetis.

℞ GOCA dans les quatre cantons d'une croix. 2 pièces variées. AR. Denier.

INCERTAINE DE LA PREMIÈRE GERMANIE

250. *Gallo-franques : Imitation de monnaies gauloises :* Œil et phalère suspendue à un cordon perlé, dans un grènetis.

℞ NCIIGITI: Croix grecque pattée. OR. Tiers de sol. 1 gr. 20. B.

251. Illisible. Oiseau à droite.

℞ Croix grecque accostée des initiales IC, sur deux degrés, dans un grènetis. OR. Tiers de sol. 1 gr. 15.

STRASBOURG

252. STRADIBVRS. Buste barbare à gauche.

℞ + TCIVS MOHCIRIVS. Personnage debout, les bras
étendus, dans un grènetis. (*Teius monétaire.*) OR très pâle. Tiers
de sol, 1 gr. 30. B.

253. Même pièce. OR très pâle ou argent. (Style très barbare.)

SECONDE GERMANIE

COLOGNE

THÉODEBERT I⁵ʳ, ROI

254. D. N. THEOD EBERTVS REX. Buste de face, tenant
une haste et un bouclier.

℞ VICTORIA AVCCC I. Théodebert, foulant aux pieds un
ennemi terrassé, portant une longue palme sur son épaule droite,
et tenant sur sa main gauche la statue de la Victoire. Dans le
champ, à gauche : COL, à droite : V. (COLV*nia* ou COLo*nia*
V *biorum*.) OR. Sol. 4 gr. 40. B.

255. SVNONE MONET. Buste diadémé à droite.

℞ + COLONIA CIVE F. Croix latine accostée de Ac ou IC
dans un grènetis. (*Suno monétaire.*) OR. Tiers de sol, 1 gr. 30. T. B.

ANDERNACH ?

THÉODEBERT I⁵ʳ, ROI

256. D. N. THEODE BERTVS V. Buste diadémé à droite.

℞ VICTORIA ACCC AI. Victoire à droite tenant une couronne. Dans le champ ANTONACO en trois sigles : à gauche,
une étoile, à l'exergue : CONOB. OR. Tiers de sol, 1 gr. 40.

BONN

257. + BONNA V (rétrograde, peu lisible). Buste diadémé à droite.

℞ Croix latine pattée, accostée à deux globules dans un grènetis. OR. Tiers de sol, 1 gr. 20.

DUERSTEDT

258. DORESTATE. Buste diadémé à gauche.

℞ Croix grecque pattée accostée de deux globules, dans un grénetis. OR. Tiers de sol, 1 gr. 25.

259. ΔORESTATI FIT. Buste diadémé à droite.

℞ MAΔELINVS M. Croix soudée sur une base au-dessus d'un globe entouré d'un demi-cercle de cinq globules. *(Madelinus monétaire.)* OR. Tiers de sol, 1 gr. 30. T. B.

260. Variété, 1 gr. 25. B.

261. Variété, 1 gr. 25. B.

262. Variété, 1 gr. 30. T. B.

263. Variété, 1 gr. 30. B.

264. Variété avec ΔORESTAT FIT. 1 gr. 25. B.

265. Autre, 1 gr. 25.

266. Même variété avec quatre globules au lieu de cinq dans le manteau, 1 gr. 25. T. B.

267. Autre variété avec l'S de Dorestat couché : sic : ᔕ, 1 g. 25. B.

268. Même pièce, d'une très basse époque.

269. Autre variété.   —   T. B.

270.   —   —

271.   —   —   B.

272.   —   —   5 pièces variées B.

273.   —   —   4 pièces variées B.

274. Exemplaire de la première époque, très usé.

UTRECHT

275. + TRIECTO FIT. Buste diadémé à droite.

℞ MAΔ. ELINVS M. Croix soudée sur une base, au-dessus d'un globule entouré d'un demi-cercle de cinq globules. (*Madelinus monétaire.*) OR. Tiers de sol, 1 gr. 30. B.

276. Variété. — Les proportions de la croix et de sa base sont agrandies. OR. Tiers de sol, 1 gr. 30. B.

277. TRIECTO FIT. +. Buste diadémé à droite.

℞ BOSONE. MO. Croix soudée sur une large base, accostée de deux globules; au-dessus d'un globe entouré d'un demi-cercle de cinq globules. (*Boso monétaire.*) OR. Tiers de sol, 1 gr. 30. B.

HOUDAIN

278. ODOMO — FITUR. Buste à droite.

℞ VVLFOLENVS. Croix grecque sur un globe. OR. Tiers de sol. T. B.

MAESTRICHT

279. TRIECTV FIT. Buste diadémé à droite.

℞ DOMARICVS MO. Croix soudée sur une base, au-dessus d'un globe. (*Domaricus monétaire.*) OR. Tiers de sol, 1 gr. 25. T. B.

280. TRIECTV FIT. Buste diadémé à droite. Buste plus haut, moins gros, transition.

℞ DOMARICVS MO. Croix soudée sur une base, au-dessus d'un globe. OR. Tiers de sol, 1 gr. 30. B.

281. + TRIECIO FIT. Buste diadémé à droite.

℞ MADELINVS MO. Croix latine soudée sur une base, au-dessus d'un globe entouré d'un demi-cercle de cinq globules.

OR. Tiers de sol, 1 gr. 30.

282. TRIECTO FIT +. Buste diadémé à droite.

℞ MAΔELINVS M. Croix latine soudée sur une base au-dessus d'un globe entouré d'un demi-cercle de cinq globules. OR. Tiers de sol, 1 gr. 20. B.

283. TRIECTO FIT PAX. Buste diadémé à droite.

℞ GODOFRIDVS MONI. Croix pattée, fichée sur une base figurant un demi-hexagone, et contenant un globule. *Godefridus monétaire* . OR. Tiers de sol, 1 gr. 40. B.

284. TRIECTO FIT. Buste diadémé à droite ; un objet (bras ou sceptre?) devant le buste, formant angle avec la poitrine.

℞ + GODOFRIDVS $\overline{\text{M}}$. Croix latine sur un globe. La haste de la croix est traversée par un trait avec pendentifs, de sorte qu'en renversant la pièce, on a la figure d'un E. Grènetis. OR. Tiers de sol, 1 gr. 35.

285. TRIECTO FIT. Buste diadémé à gauche ; même objet saillant sur la poitrine.

℞ RAGEMVNDVS MT. Croix soudée sur une base avec pendentifs, au-dessus d'un globe, dans un grènetis. *Ragnemundus monétaire.* OR. Tiers de sol. 1 gr. 25. (Fruste.)

286. TRIECTO FIT. Buste diadémé à droite, même saillie.

℞ + RIMOALDVS $\overline{\text{M}}$. Croix accostée de deux globes, sur un globe, dans un grènetis. *Rimoaldus monétaire.* OR. Tiers de sol, 1 gr. 30. B.

287. + TRIECTO. Buste diadémé à droite : saillie devant la poitrine comme aux bustes précédents.

℞ + ANSOALDO. Croix accostée de deux globes, sur un autre globe dans un grènetis. *Ansoaldus monétaire.* OR. Tiers de sol, 1 gr. 25. T. B.

288. Même pièce d'un moins beau style. OR. Tiers de sol.

HUY

289. LANDEGICRILVS. Buste diadémé à droite.

℞ CHOE MONETARIVS. Croix potencée sur un globe, au-dessus d'un large degré. *Landegicrilus monétaire.* OR. Tiers de sol, 1 gr. 30. T. B.

290. — CHOE FICITI —. Buste diadémé à droite.

℟ — RIGOALDVS. Croix comme au type précédent; pas de globules, A et ω remplacés par des pendentifs. Au-dessous du globe, trois globules. (*Rigoaldus monétaire.*) OR. Tiers de sol, 1 gr. 20. B.

291. + CHOE FICITI +. Buste diadémé à droite.
℟ + RIGOALDVS. Même croix sans autres accessoires que le globe sous la base. OR. Tiers de sol, 1 gr. 20. B.

292. MONꓥALDO⁑S⁑IO. Buste diadémé à droite.
℟ CHOAE FIT. Croix latine soudée sur une base formée des trois côtés supérieurs d'un hexagone. Globules dans les quatre cantons. (*Monsaldus monétaire.*) OR. Tiers de sol, 1 gr. 30.

293. CHOAE FIT. Buste diadémé à droite.
℟ BERTOALDO. Croix de *Choae*, globules aux 1er et 2e; pendentifs aux 3e et 4e cantons. Deux globes sous la base de la croix; mais le globe le plus bas, n'est que l'O final de la légende. OR. Tiers de sol. 1 gr. 25. B.

294. CHOI + V FIT. Buste diadémé à droite.
℟ BETTEVINO. Croix de *Choae*. Globe sous la base. (*Bettelenus monétaire.*) OR. Tiers de sol, 1 gr. 25. B.

295. HOE FT. Buste très barbare, diadémé à droite.
℟ BETTELIN FIT M. Même croix. OR. Tiers de sol, 1 gr. 15.

NAMUR

296. NAMVCO. C. Buste diadémé à droite.
℟ ADE°L°E°O°M°. Croix latine soudée sur une base au-dessus du globe. (*Adeleo monétaire.*) OR. Tiers de sol, 1 gr. 10. B.

297. NAMVCO CIVE. Buste diadémé à droite.
℟ ADELEO M. Croix soudée sur une base, cantonnée de quatre globules, au-dessus d'un globe placé sous un demi-cercle de cinq globules. OR. Tiers de sol. 1 gr. 25.

ISPIS

298. VOVEI +. Buste diadémé à droite.

℞ + ARVA. CVS? Croix grecque sur un globe, dans un grènetis. (*Arvaius monétaire.*) OR. Tiers de sol, 1 gr.

GRANDE SÉQUANAISE

BESANÇON

299. GE NNARⱯVS + ERIO. Buste diadémé à droite.

℞ + VESVNCIONE DE SE LESVS. Croix accostée du chiffre VII, sur trois degrés. (*Gennardus monétaire.*) OR. Tiers de sol, 1 gr. 15.

300. VES VNCIONE. Buste diadémé à droite.

℞ GENNARDVS + AERIO. Croix sur trois degrés, accompagnée de lettres M N surmontées des barres d'abréviation (MON. NT.), complément du mot MONETARIO. OR. Tiers de sol, 1 gr. 30. T. B.

301. + VESON.. O. Buste diadémé à droite.

℞ Légende rognée. Croix accostée du chiffre VII, dans un diadème de perles avec anneau cintré. OR. Tiers de sol, 1 gr. 20.

ARINTHOD?

302. AR GE NTAO. Buste diadémé à droite.

℞ + RADOALD... MON. Croix latine accostée de SII, sur un degré et un globe, dans un grènetis. Le chiffre SII correspond à VIII. (Le revers illisible.) (*Radoaldus monétaire.*) OR. Tiers de sol, 1 gr. 10.

BELLEY

303. BELIS +.. FIT. Buste diadémé à droite.

℟ + ZANTOLVS MVNI. Croix sur un degré, accostée de VII, dans un grènetis. (*Santolus monétaire.*) OR. Tiers de sol, 1 gr. 20.

YSERNORE

304. ISARNODRO FIT. Buste diadémé à droite.

℟ DROCTEBADVS MN. Croix latine accostée de SI dans un grènetis. (*Droctebaldus monétaire.*) OR. Tiers de sol. 1 gr. 15 (fruste).

VIENNOISE

ALPES GRÉES ET PENNINES

MOUTIERS

305. DARANTASIA CIVI. Buste diadémé à gauche.

℟ + OPTATVS MONITARIO. Croix sur un degré, dans une couronne de feuillage. *Optatus monétaire.* OR. Tiers de sol, 1 gr. 20. B.

306. DARANTAS. *Lettres dénaturées.*) Buste diadémé à gauche.

℟ OTATVS MONETA. Croix accostée du chiffre VII, sur un degré, dans un grènetis. OR. Tiers de sol. 1 gr. 15. (Peu lisible).

307. DARANTAS. Buste diadémé à gauche.

℟ + OPTATVS MONETAR. Croix accostée du chiffre VII, sur deux degrés, dans un grènetis. OR. Tiers de sol, 1 gr. 20. B.

308. + DA RAITS. Buste diadémé à droite. Devant la bouche : Ɔ.

℟ OPTATVS MONITARIVS. Croix grecque potencée, sur deux degrés, cantonnée au 1ᵉʳ d'un C. aux 3ᵐᵉ et 4ᵐᵉ de deux globules dans un grènetis. OR. Tiers de sol, 1 gr. 20.

309. DARANTASIA FIT. Buste diadémé à droite.
℞ OPTATVS MONITARIVS. Croix grecque chrismée, sur trois degrés, dans un grènetis. OR. Tiers de sol. 1 gr. 30.

310. DARAN TASIA. Buste à droite.
℞ + OP... MONTA. Croix sur deux degrés : AO suspendu aux bras de la croix. Couronne de feuillage. OR. Tiers de sol. 1 gr. 20.

311. DARANTASIA F.. Buste diadémé à droite.
℞ .... INVS MVNI.... Croix chrismée. sur deux degrés, dans un grènetis. OR. Tiers de sol. 1 gr. 25.

312. DAR en monogr., dans un grènetis.
℞ (ANT en monogr., dans un grènetis. ARGENT. Denier. 1 gr. 15.

SAINT-JEAN DE MAURIENNE

313. MAVRIENNA. Buste diadémé à gauche.
℞ CH..... S MONI. Croix sur trois degrés. dans un grènetis. *Chiscolus monétaire.* OR. Tiers de sol. 1 gr. 20. Pièce ébréchée.

SION

314. .... MVNITARIVS. Buste diadémé à droite.
℞ SIDVNIS CIVITATE. F. Croix sur deux degrés. accostée de AO, dans une couronne de feuillage attachée par un anneau avant un globule volumineux au centre. *Betto? monétaire.* OR. Tiers de sol. 1 gr. 30.

315. GRATVS MONITARVS. Buste diadémé à droite.
℞ SEDVNIS CIVITATE F. Croix accostée du chiffre VII dans un diadème. *Gratus monétaire.* OR. Tiers de sol. 1 gr. 20.

316. SIDVNIS AIT. Buste diadémé à droite.
℞ AIETIVS MONI. Croix sur un degré. dans un diadème attaché au bas par un anneau cintré et des rubans qui se développent autour de la base de la croix et décrivent la figure d'une lyre. *Aetius monétaire.* OR. Tiers de sol. 1 gr. 05.

317. SIDVNIS FIT. Buste à droite.

℞ AIECIVS MO. Croix latine accostée de VII. OR. Tiers de sol. 1 gr. 15. (Le nom du monétaire n'est pas lisible.)

318. Mêmes types; le nom lisible. OR. Tiers de sol. B.

DAGOBERT Ier. ROI

319. DAGO BERTOS RX. Buste diadémé à droite.

℞ ROMANOS MV. ACAVNINSIS. Croix accostée de VII, dans un diadème, attachée au sommet par un anneau cintré, et supportant à la base un ornement ou médaillon ayant la forme d'une ampoule. (*Romanus monétaire.*) OR. Tiers de sol, 1 gr. 35. T. B.

AOSTE

320. BETTO MVNITARV. Buste diadémé à droite.

℞ + AVSTA. CIVITAEI. FIT. Croix latine pattée. (*Betto monétaire.*) OR. Tiers de sol, 1 gr. 40. B.

VIENNE

MAURICE TIBÈRE

321. D. N. MAVRIꞔ CIVS P. P. AV. Buste diadémé à droite.

℞ + VIENNA DE OFFICINA LAVRENTI. Chrisme à six branches, accosté de A O. sur un globe. (*Laurentius monétaire.*) OR. Tiers de sol, 1 gr. 32. T. B.

322. VIEN ∴ NA FIT. Buste diadémé à droite.

℞ + SANCTVS MONETARIVS. Croix latine accostée de VI, sous un globule, sur un degré, dans un grènetis. (*Sanctus monétaire.*) OR. Tiers de sol, 1 gr. 20. B.

CHAPONNAY

323. + VAPPONNACO VI. Buste diadémé à droite.

℞ + MEDEGISILO MONET. Croix latine accostée de VA, sur deux degrés, dans un diadème fermé par un anneau cintré. (*Medegiselus monétaire.*) OR. Tiers de sol, 1 gr. 20. B.

VIVIERS

MAURICE TIBÉRE

324. D. N. MAVR.... ER. I. PP. AVG. Buste diadémé à droite.

℞ VITOAI... VVVCCV. Croix soudée sur une base, accostée de VIVA et XXI, sur un globe, dans un double diadème de feuillage. A l'exergue : COANOO. OR. Sol, 3 gr. 60.

325. Légende illisible, buste à droite.

℞ Légende illisible, croix sur un globe accosté de VIVA. OR. Tiers de sol. B.

CLOTAIRE II

326. + CHLOTARIV. Buste diadémé à droite.

℞ CHLOTARIVS. Croix soudée sur une base, accostée de VI VA, au dessus d'un globe accosté de deux globules, dans un grènetis, au sommet duquel on voit l'anneau et les lemnisques. OR. Tiers de sol. 1 gr. 20. B.

327. Même pièce. Les lettres de la légende du revers transposées. OR. Tiers de sol. B.

DAGOBERT Ier

328. + DAGO BERT. Buste diadémé à droite.

℞ + V... RIA CI. Croix latine soudée sur une base au-dessus d'un globe, accostée de VIVA et de IIV, dans un grènetis. OR. Tiers de sol, 1 gr. 10. B.

MARSEILLE

MAURICE TIBÉRE

329. D. N. MAVRI. CIVS. P. P. V. Buste diadémé à droite.

℞ VICAORI. V AVTORV. Croix latine soudée sur une base, au-dessus d'un globe, accostée de MA. VII, dans un épais diadème de feuillage dont l'anneau d'attache et les lemnisques immobilisés se retrouvent dans l' V qui termine le mot VICTORIA. OR. Tiers de sol, 1 gr. 30. B.

330. D. N. MAVRI CIVS P. P. A. Buste diadémé à droite.
℞ VICTORIA. AVSTORVM. Croix latine potencée, sur un globe, au-dessus d'un large degré, accostée de MA. VII A l'exergue : CONOB. or. Tiers de sol, 1 gr. 30. (Deux pièces). B.

331. D. N. MAVRICIVS P. P. VI. Buste diadémé à droite.
℞ VICVORI AVTOAV. Croix latine sur un degré et un globe, accostée de MA VII au-dessus d'un large degré. A l'exergue : CONOI. or. Tiers de sol, 1 gr. 05. (Trois pièces variées.) B.

SIGEBERT Ier OU II

332. MASILIA. Buste diadémé à droite, devant le profil, un diadème de perles avec rubans ouverts, contenant un globule.
℞ SIGIBERTVS RIX. Croix latine soudée sur une base, au-dessus d'un globe, dans un diadème de perles. Filet circulaire formant bourrelet au pourtour. Les bras de la croix ornés de groupes de trois globules en triangle. or. Sol, 3 gr. 65. TB.

333. MASILIA. Buste diadémé à droite. derrière, un trident.
℞ SIGIBERTVS. RIX. Croix soudée sur une base, au-dessus d'un degré, accostée de MA et de globules remplaçant le chiffre VII dans un diadème de perles. or. Tiers de sol, 1 gr. 05. B.

334. MASSILIA. Buste diadémé à droite.
℞ G...RTVS... Croix latine soudée sur une base, au-dessus d'un grènetis. or. Tiers de sol, avec une bélière moderne, 1 gr. 22 (fruste et percée.)

335. SIGIBERTVS. Buste diadémé à droite.
℞ MASILIA CIV. Croix latine soudée sur une base, au-dessus d'un globe, accostée de MA. VII dans un diadème de perles. or. Tiers de sol, 1 gr. 10.

336. .... GIBERTVS. Buste diadémé à droite. Devant : S.
℞ MASS... Croix latine soudée sur une base au-dessus d'un globe, accostée de MA. VII dans un diadème de perles. or. Tiers de sol, 1 gr. 15 (fruste).

CHILDEBERT II, ROI

337. MASILIA. Buste diadémé à droite.

℞.... LΔEBERTVS RIX. Croix latine soudée sur un degré au-dessus d'un globe. accostée de MA et de deux groupes de points rappelant le chiffre VII, dans un diadème de perles. Filet uni à l'extérieur, rappelant les monnaies des Ostrogoths et des Lombards. OR. Tiers de sol, 1 gr. 05. B. bien que légèrement ébréché.

338. MASILIA CI⸵ Buste diadémé à droite: devant le profil, une croix.

℞ HILDEBERT.. Même revers que le précédent. OR. Tiers de sol. 1 gr. 10. B.

CLOTAIRE II, ROI

339. CHLOTARIIS REX. Buste lauré à droite.

℞ CHLOTARIS. AIRIT. CI⸵ Buste accosté des lettres M. A. sur un globe, dans un cordon perlé. OR. Tiers de sol. T. B.

340. CHLOTARIVS REX. Buste diadémé à droite.

℞ CHLOTARI VICTORIA. Même type que les précédents. On voit dans la zone de la légende, au-dessus du diadème. l'immobilisation de l'anneau d'attache et des lemnisques. OR. Tiers de sol, 1 gr. 22. T. B.

341. Mêmes signes. légendes variées. OR. Tiers de sol. B.

342. CLOTARIVS REX. Buste diadémé à droite.

℞ CHLOTARIVS. REX. Même type que le précédent. OR. Tiers de sol, 1 gr. 25. B.

CHILDÉRIC II

343. CHILDERICVS REX. Buste diadémé à droite.

℞ MASILIA CIVITATIS. Croix latine soudée sur une base au-dessus d'un globe. accostée de MA et de globules. OR. Sol. 3 gr. 30. B. Au revers on ne lit que la fin de la légende.

344. CIHDRICVS II. Buste diadémé à droite: devant un C.

℞ + MASILIA CIVITATI. Même type que le précédent. OR. Tiers de sol. 1 gr. 15 B.

345. MASSILIA. Buste diadémé à droite sous un édicule surmonté de trois croix.

℞ + HILDERICUS REX. Croix latine soudée sur une base
au-dessus d'un globe, accostée de MA, dans un diadème de perles.
OR. Sol, 4 gr. 20, TB.

346. MASSILIA. Buste diadémé à droite; devant : O carré.

℞ Même légende et même revers. OR. Tiers de sol, rogné,
1 gr.

347. HIL..... Buste à droite. ℞..... MA. Croix. OR. Tiers
de sol ébréché.

COLONIE GRECQUE DE MARSEILLE??

348. GRACOS. IND? Buste à droite.

℞.....? Croix cantonnée des lettres MA. OR. Tiers de sol. B.

ANSEBERT

349. Buste diadémé à gauche : devant une croisette.

℞ + ANSEDERT. S dans un cartouche ovale. AR. Denier,
1 gr. 15.

350. Trois pièces à peu près semblables. ℞. Deniers.

NEMPHIDIUS

351. Tête diadémée à droite ; derrière, une crosse d'évêque.
Grènetis.

℞ + NIFIDIVS autour d'une croix. AR. Denier, 6 gr. 95.

352. Trois pièces à peu près semblables. ℞ Deniers.

353. Tête diadémée à droite : derrière, deux globules.

℞ + N. FIDIVS. Autour d'un demi-cercle contenant un globule. AR. Denier, 1 gr.

354. Buste diadémé à droite ; derrière, croisette.

℞ NFDS. Rétrograde formant le même monogramme cantonné
de quatre globules. AR. Denier, 1 gr. 10. (Deux pièces variées).

355. Tête diadémée à droite : derrière, une croisette.

℞ + NEF. Avec croisette, au-dessus et au-dessous, dans un grènetis. AR. Denier, 1 gr. 15.

356. Quatre pièces à peu près semblables. AR. Denier.

357. Buste à gauche; devant, une croisette.
℞ NEFI en monogr., dans un grènetis. AR. Denier, 1 gr.

358. Quatre pièces à peu près semblables. AR. Denier.

359. Tête diadémée à droite; devant, une croisette.
℞ N. dans un cercle formé de quatre croisettes alternant avec quatre globules. AR. Denier, 1 gr. 05.

360. Buste diadémé à gauche; devant : N.
℞. Monogr. AR. Denier, 1 gr. 15.

361. Buste diadémé à droite; devant, croisette; derrière, crosse.
℞ NEMFI en monogr. AR. Denier, 1 gr. Deux pièces variées.

PATRICES INDÉTERMINÉES

362. Buste diadémé à droite.
℞ + AVIO. En monogr. cruciforme dans un grènetis. AR. Denier. 0 gr. 85.

METRAMNO

363. Tête à gauche.
℞ .... AMNS. Croix dans un cercle. AR. Denier. 1 gr.

364. Même buste.
℞ MASSILIA. Croix sur une base. AR. Denier.

PREMIÈRE AQUITAINE

CLERMONT-FERRAND

365. ARVEIRLIA .·. NVS I. Buste diadémé à droite.
℞ ARIBAVDVS MONT. Personnage tenant une lance et une

palme dans une couronne. (*Aribaldus monétaire*.) OR. Tiers de sol,
1 gr. 23.

CHILDEBERT, ROI

366. CH.... THVS RX. Buste diadémé à droite.
℞ NVEINV... Même personnage. OR. Tiers de sol, 1 gr. 20.

367. CHELDEBERT. Buste à droite.
℞ AR. CI dans le champ. OR. Tiers de sol. T. B.

368. DINAIIO.... Même buste.
℞ NINNO ION CIVS MO. Même personnage. (*Ninnoioncius?
monétaire.*) OR. Tiers de sol, 1 gr. 25.

369. DN. THEOBTS. VICTOR. Buste lauré à droite.
℞ VACARIVS. TIACCCIC. Victoire debout à gauche, tenant
une couronne. (*Vacarius monétaire.*) A l'exergue : CONOB. OR.
Tiers de sol. T. B.

THÉODEBERT

370. ...RIX. Buste barbu, diadémé à droite.
℞ MANILEOBVS MO. AR. séparés par une petite croix et
un globule, sur un double trait horizontal échelonné. A l'exergue.
CIVI. NETARIVS en deux lignes. (*Manileobus monétaire.*) OR.
Tiers de sol, 1 gr. 35. B.

371. TIOD EBIRTI. Buste diadémé à droite.
℞ MANIL : OBO O. C. AR séparés par un globule, sur un
double trait échelonné. A l'exergue, MONI rétrograde. OR. Tiers
de sol, 1 gr. 30. T. B.

372. ARVERNO CIVE. Buste diadémé à droite.
℞ EODICIVS. Croix latine accostée de AR. En dehors de la
légende, une couronne de feuillage ornée au sommet d'un anneau
cintré. (*Eodicius monétaire.*) OR. Tiers de sol, 1 gr. 25. B.

373. ARVERNO CIV. Buste diadémé à droite.
℞ EODICIVS. MNT. AR. séparés par un globule sur deux
traits horizontaux échelonnés, dans un grènetis. OR pâle. Tiers de
sol, 1 gr. 30. B.

374. ƆNMIOᴚ IIVIII ? Buste diadémé à droite.
℞ AR. séparés par une croisette. Au-dessous : CI. OR. Tiers de
sol, 1 gr. 35.

MARCELI

375. MAR CELI. Buste diadémé à droite.
℞ ILDOMARO. AR. séparés par un globule sous deux traits
horizontaux échelonnés. (*Ildomarus monétaire.*) OR. Tiers de sol.
1 gr. 25. B.

TALENDE

376. TLEMATE FIT. Buste diadémé à droite.
℞ BERTOVALDS MO. AR sous une barre d'abréviation et
sur deux traits horizontaux, dans un grènetis. (*Bertolvadus monétaire.*) OR. Tiers de sol, 1 gr. 25.

RODEZ

377. AVIT + US. Buste diadémé à droite.
℞ Monogramme de RVTENIS. dans un grènetis. A*vitus monétaire.*) OR. Tiers de sol, 1 gr. 30. B.

378. ... Buste diadémé à droite.
℞ Monogramme de Rutenis. Perles semées dans le champ.
OR. Tiers de sol, 1 gr. 20.

379. S : HI. Buste diadémé à droite.
℞ + NEINEV. Monogramme de Rutenis rétrograde. OR. Tiers
de sol, 0 gr. 85.

380. Buste diadémé à droite. dans une guirlande.
℞ MVTVO MO. Monogramme de Rutenis. OR. Tiers de sol.
1 gr. 25.

381. Buste diadémé à droite, dans une guirlande.
℞ + VINDIMIVS M. Monogramme. (*Vindimius monétaire.*
OR. Tiers de sol, 1 gr. 05.

382. Buste diadémé à droite.

℞ + VENDIMIVS. Monogramme. OR. Tiers de sol, 1 gr. 30. B.

383. Buste diadémé à droite dans une guirlande.
℞ — VENEMIVS MNE. Monogramme. OR. Tiers de sol,
1 gr. 30. B. (Deux pièces).

384. Buste diadémé à droite. Devant : le chiffre VII.
℞ VENEMIVS MNET. Monogramme. OR. Tiers de sol, 1 gr. 25.

385. Tête diadémée à droite. Devant le profil un O carré.
℞ + VENŒMIVS M . Monogramme. OR. Tiers de sol,
1 gr. 30. T. B.

386. Tête diadémée à droite. Devant le profil. Monogramme.
℞ + VENŒMIVS M. Monogramme de Rutenis. OR. Tiers de
sol, 1 gr. 30. T. B.

387. Buste diadémé à droite. Devant le profil, rameau.
℞ IVENŒMIV ∽ M. Monogramme. OR. Tiers de sol, 1 gr. 30
T. B.

388. Tête à droite. Devant un rameau.
℞ LODOLVS MO. Grand monogramme. (*Lodolus monétaire.*)
OR pâle. Tiers de sol. B.

389. Tête diadémée à droite : devant, croisette surmontée d'une
palme.
℞ + IOGONO. MO. Monogramme. OR. Tiers de sol,
1 gr. 30.

390. Tête diadémée à droite ; devant, palme renversée.
℞ + ROSOLVS MN. Monogramme. (*Rosolus monétaire.*) OR.
Tiers de sol. 1 gr. 20. T. B.

391. Pièce à peu près semblable. OR. Tiers de sol. T. B.

392. —   —   OR pâle. Tiers de sol. B

393. Pièce fausse du temps. CUIVRE.

CANNAC

394. CANNACO. Buste diadémé à droite.

℞ RVTI ∽ NO. Croix soudée sur un globe au-dessus d'un large degré terminé par deux crochets ascendants. Sous ce degré. cinq traits verticaux imitant des clous. OR. Tiers de sol. 1 gr. 30. B.

305. CAN NACO. Buste diadémé à droite.

℞ RV ∽ TINO. Croix soudée sur un globe au-dessus d'un long degré dont chaque extrémité porte un demi-cercle. Sous le degré, quatre traits verticaux. OR. Tiers de sol. 1 gr. 15.

396. ... NIIAC. Buste diadémé à droite.

℞ ... AFO. Personnage assis tenant sur la main une Victoire ; devant ses pieds un autel. OR. Tiers de sol. 1 gr. 25.

THÉODEBERT ?

307. I MAVRINO. Personnage (Victoire ? debout, tenant une couronne à droite. Sous ses pieds : ·Δ·

℞ D. N... DIBIRTHS RIX *rétrograde*. Croix soudée sur un cercle, contenant un gros globule ; accostée de RV. dans un grènetis. (*Maurinus monétaire*. OR. Tiers de sol. 1 gr. 30. B.

308. IIIDI....? Personnage Victoire ? debout. tenant une couronne à droite.

℞ Illisible. Croix fendue à la base, sur un globe. OR. Tiers de sol. 1 gr. 25.

LIMOGES

ANASTASE

309. D. N. ANASTASIVS P. P. AVG. Buste diadémé à droite. croix sur la poitrine.

℞ VICTORIA AVGVSTORVM. Victoire à droite. portant une palme et une couronne. Dans le champ : LI. A l'exergue. CONO L. OR. Tiers de sol. 1 gr. 40. T. B.

AMBASSAC

400. + AMBACIACO. Buste diadémé à droite.

℞ PASSENCI + MI. Croix latine au-dessus de la croisette

de la légende. (*Passentius monétaire.*) OR. Tiers de sol,
1 gr. 20. T. B.

BERECILLUM

401. BARACILLO FIT. Buste diadémé à droite.
℞ + MODERATVS. Croix ancrée au-dessus de la croix de
la légende. (*Moderatus monétaire.*) OR. Tiers de sol, 0 gr. 90. B.

COMPREIGNAC

402. CONPRINIACO FIT. Buste diadémé à droite.
℞ + SATVRNVS MONITARI. Croix latine cantonnée de
LEMO rétrograde, dans une couronne de feuillage. (*Saturnus mo-
nétaire.*) OR. Tiers de sol. 1 gr. 40. B.

JUMILLAC

403. + NECTARIVS. Buste diadémé à droite.
℞ GEMELIACO. Croix latine chrismée, cantonnée d'un globule au premier, deux au troisième, et deux au quatrième, soudée
sur une base au-dessus d'un large degré. (*Nectarius monétaire.*)
OR. Tiers de sol. 1 gr. 20. B.

SELANIACUM

404. + SELANIACO. Buste diadémé à droite.
℞. ...TO MONI. Croix. (*Billo? monétaire.*) OR. Tiers de sol,
1 gr. 35. B.

SELONACUM

405. SELONACO. Buste diadémé à droite.
℞ ALDOALDO-MO. Croix grecque dans un grènetis. (*Aldo
aldus monétaire.*) OR. Tiers de sol, 1 gr. 30. B.

UZERCHE

406. + VSERCA FIT. Buste diadémé à droite.

℞ + L... DO MO⁻. Croix ancrée dans un grènetis, sur la croisette initiale. ℞ OR. Tiers de sol brisé, un morceau manque. 1 gr. 15.

CAHORS

407. CADORCA F. Buste lauré à droite. La couronne de laurier est tellement épaisse, que la chevelure a l'air d'un rameau. Guirlande de feuillage au pourtour.

℞ MAGNS MO. Oiseau à long bec. Sous ce bec, une grappe de raisin. (*Magnus monétaire.*) OR. Tiers de sol, 1 gr. 40.

408. CADORCA F. Tête laurée à droite. Couronne de laurier très volumineuse et semblable à un rameau. Toute la partie du pourtour que n'occupe pas la légende est remplie par une guirlande de feuillage.

℞ MAGNUS MO. Oiseau tenant une grappe de raisin dans son bec. Au-dessus, un rameau. OR. Tiers de sol. 1 gr. 25. B.

SAINT-PAULIEN

409. TEVDVLFVS MV... ? Buste diadémé à droite.

℞ VELLAVES FIT. Croix soudée sur une base, au-dessus d'un globe, accostée de IV IL, au-dessus d'un large trait horizontal. A l'exergue : MON. (*Teudulfus monétaire.*) OR. Tiers de sol. 1 gr. 30. B.

JAVOULS

410. GABA PIRUM. Buste diadémé à droite.

℞ Calice surmonté d'une croix, accompagné de deux groupes triangulaires de trois globules et de deux A, sur une ligne de cinq globules. OR. Tiers de sol. 1 gr. 10. B.

411. GABALORVM. Buste diadémé à droite.

℞ Calice surmonté d'une croix, accompagné de AV dans une couronne de feuillage. OR. Tiers de sol. 1 gr. 25. Fruste.

412. CABALORVM. Buste diadémé à droite, dans une couronne de feuillage.

℟ Calice surmonté d'une croix, accompagné de VA, dans une épaisse couronne de feuillage. OR. Tiers de sol, 1 gr. 35.

VORS (EN GÉVAUDAN)

413. GAVALORVM. Buste diadémé à droite.

℟ VOR. Personnage, tenant un arc à gauche. OR. Tiers de sol, 1 gr. 30. T. B.

BANNASSAC

414. ✠ LEVEDGISOLVS MONTAT. Buste diadémé à droite.

℟ ✠ BANNIACIACO FIT. Calice à base triangulaire avec deux anses, en forme d'S et une croix au-dessous. (*Leudegiselus monétaire.*) OR. Tiers de sol, 1 gr. 25. T. B.

415. PAX devant le profil d'une tête laurée à droite, dans une guirlande de feuillage.

℟ ELAFIVS MONETA. Calice surmonté d'une croix. Couronne de feuillage au pourtour. (*Élafius monétaire.*) OR. Tiers de sol, 1 gr. 25.

416. PAX devant le profil d'un buste lauré à droite.

℟ TELAFIVS MONETA. Calice surmonté d'une croix et accosté de deux globules.

OR. Tiers de sol, 1 gr. 30. Deux pièces variées. B.

417. Buste diadémé à droite. Devant le profil, un B terminé inférieurement par un rameau.

℟ TELAFIVS MONETA. Calice dont la croix est montée dans la légende et changée en T initial. OR. Tiers de sol, 1 gr. 30. B.

418. Buste lauré à droite. Devant le profil, un rameau supportant une grappe de six globules. Couronne de feuillage au pourtour.

℟ TELAFIVS MONETA. Calice surmonté d'une croix sous le T initial. OR. Tiers de sol, 1 gr. 30 (deux pièces variées). B.

419. Id. (deux pièces variées). OR. Tiers de sol. B.

420. Id. (deux pièces variées). OR. Tiers de sol. B.

CARIBERT, ROI

421. CH + ARIBERTVS REX. Tête diadémée à droite, guirlande au pourtour.

℟ BANNACIACO FIT. Calice surmonté d'une croix, dans un filet circulaire uni. Guirlande au pourtour. OR. Tiers de sol, 1 gr. 25. T. B.

421 *bis*. Même pièce d'un moins bon style. OR. Tiers de sol.

422. MAXIMINVS M. Tête diadémée à droite.

℟ CHARIBERTVS REX. Calice surmonté d'une croix. (Maximinus monétaire). OR. Tiers de sol, 1 gr. 15. B.

423. + MAXIMINVS MO. Tête diadémée à droite.

℟ BANNACACO FII. Calice surmonté d'une croix. OR. Tiers de sol, 1 gr. 10. T. B.

BANNACIACUM GALVALETANUM

SIGEBERT, ROI

424. + SIGIBERTVS REX. Buste diadémé à droite.

℟ ..... TANO. Calice. A l'exergue : BAN. OR. Tiers de sol, 1 gr. 10. B.

425. Buste diadémé à droite: devant le profil, une palme à cinq branches.

℟ GAVALETANO F. Calice sur un degré horizontal. A l'exergue : BAN. OR. Tiers de sol, 1 gr. 30. B.

426. Buste diadémé à droite; devant, une palme à cinq branches. La branche du milieu terminée par une croix.

℟ GAVALETANO F. Calice sur un degré horizontal. A l'exergue : BAN. OR. Tiers de sol, 1 gr. 20. B.

427. Même type.

℟ GAVALETANO. Calice sur un degré horizontal. A l'exergue : FIIT. OR. Tiers de sol, 1 gr. 30. B.

428. Buste diadémé à droite ; devant, une palme à cinq branches non terminée par une croix.

℞ Illisible. Croix latine potencée. OR. Tiers de sol, 1 gr. 20.

429. Buste diadémé à droite, entre deux palmes terminées au sommet par une croisette.

℞ GAVALETANO F. Calice sur un trait horizontal. A l'exergue : BAN. OR. Tiers de sol, 1 gr. 20. B.

430. Buste diadémé à droite entre deux palmes, surmontées de croix, dans un diadème de feuillage.

℞ GAVALETANO F. Calice sur un trait horizontal. A l'exergue : BAN. OR. Tiers de sol, 1 gr. 20. T. B.

431. Même pièce. OR pâle. Tiers de sol (deux pièces). B.

432. Deux autres pièces, très barbares. OR pâle. Tiers de sol.

433. Buste diadémé à droite, entre deux palmes surmontées de croix.

℞ GAVALETANO. Calice surmonté d'une branche de vigne? avec globules et rameaux en volute. OR. Tiers de sol, 1 gr. 25. T. B.

434. Buste diadémé à droite. Devant le profil : + BAN.

℞ GAVALETANO. Calice surmonté d'une branche, dont les rameaux forment des volutes ou spirales. OR. Tiers de sol. 1 gr. 25. (Deux pièces variées.) B.

435. Buste diadémé à droite. Devant le profil : + BAN.

℞ GAVALETANO. Calice sur une ligne de perles. A l'exergue : FIIT. OR pâle. Tiers de sol. 1 gr. 25. (Deux pièces variées.) B.

436. Même type varié.

℞ GAVALETANO. Même type varié. OR. Très pâle. Tiers de sol, 1 gr. 05.

437. Buste diadémé à droite; devant le profil : + BA.

℞ GAVALETANO. Calice sur un trait horizontal. Dans le champ, à gauche : I; à l'exergue : FIIT. OR pâle ou AR. Tiers de sol, 1 gr. 05

438. Tête diadémée à droite : devant le profil, une croix.

℞ GAVALETANO. Calice sur un degré. A l'exergue : BVN
(BAN). CUIVRE. 0 gr. 75.

SAINT-MARTIN DE LA CAMOURGUE, A BANNASSAC

439. + SCI MARTINI. Tête diadémée à droite, sous la
croisette de la légende et sur un globule entre deux arcs imitant
des parenthèses.
℞ + BANNACIACO FIIT. Calice surmonté d'une croix,
initiale de la légende. OR. Tiers de sol. 1 gr. 30. B.

SECONDE AQUITAINE

BORDEAUX

440. BVRDEGALA. Buste diadémé à gauche.
℞ + SEGLENO. Croix grecque chrismée à gauche et supportant l'A et l'ѡ. au-dessus de la croisette initiale. *Seggelenus
monétaire.* OR. Tiers de sol. 1 gr. 30. B.

441. BVRDEGAL. Buste diadémé à droite.
℞ + BETTONE M. Croix ancrée soudée sur un globe, au-
dessus de la croisette initiale. *Betto monétaire.* OR. Tiers de sol.
1 gr. 25. B.

442. Même pièce moins belle. OR. Tiers de sol.

443. + BVRDEGALA. Tête à droite; devant le profil, une
palme.
℞ — MAVROLINVS M : Croix grecque ancrée, sur deux
degrés. *Maurolinus monétaire.* OR. Tiers de sol. 1 gr. 30. B.

444. BVRDEGALA. Tête à droite.
℞ — MAVROLEN. Croix ancrée, sous la croisette initiale.
OR. Tiers de sol. 1 gr. 35. B.

445. — BVR.... L.A. Tête à droite.

℞ BOΔISILGIV. Croix ancrée. (*Bodegisilus monétaire.*) OR. Tiers de sol, 1 gr. 10.

446. BVRD.. ALA. Buste lauré à droite.

℞ STEFANVS. Croix ancrée sur un globe. (*Stéphanus monétaire.*) OR. Tiers de sol. B.

POITIERS

447. — PICTA CIV. Croix grecque dans un grènetis.

℞ Sans type. Cependant les reliefs de cette bractéate affectent la forme d'une croix. AR. Picte. 0 gr. 55.

448. Illisible. Gros globules dans un cercle de grènetis.

℞ Sans type. Bractéate. AR. Picte. 0 gr. 50.

449. Illisible. Gros globules au milieu d'un grenetis.

℞ Pentagramme. AR. Denier.

450. ....CIVI ...ODILA. Tête diadémée à droite.

℞ Croix sur un manche vertical. AR. Denier.

AMBERNAC

451. ANTEBRINNAC. Buste diadémé à droite.

℞ + LEVDIN. MVI. Croix chrismée à gauche, accostée de deux globules sous la croisette initiale. (*Leodenus monétaire.*) OR. Tiers de sol. 1 gr. 20. T. B.

BRIOUX

452. BRIOSSO VICO. Buste diadémé à droite, cintré et échelonné.

℞ — CHADVLFO MO. Croix mixte à double chrisme aux bras prolongés en triangles, soudée par un piédestal carré cintré d'un anneau, cantonnée de deux globules aux 1er et 2e et de deux

étoiles aux 3ᵉ et 4ᵉ. (*Chadulfus monétaire.*) OR. Tiers de sol,
1 gr. 25. B.

453. Buste diadémé à gauche, élevant la main ouverte.

℞ Croix grecque dont le centre est un anneau contenant un
globule et dont les quatre bras sont fendus en fourche. Un globule
dans chacun des quatre cantons. AR. Denier. 1 gr. 20. B.
(Deux pièces.)

COURÇAY

454. + CVR ✳ CIACO VI. Buste à double diadème, barbu,
cintré et échelonné, sous l'étoile de la légende, à droite.

℞ + FEDEGIVS MO. Croix latine cantonnée de quatre
étoiles sur un degré perlé. *Fedegius monétaire.* OR. Tiers de
sol, 1 gr. 40. T. B.

LOUDUN

455. LVGAVNO. Buste diadémé à droite.

℞ SEWDVLFVS. Croix mixte patée sur deux degrés. *Seudulfus monétaire.* OR. Tiers de sol, 1 gr. 40. Fruste.

MEDOIUS VILLA

456. NONNO MONE. Buste diadémé à droite.

℞ + MEDOIO VILLA. Croix latine accostée de deux globules sur un degré, au-dessus de la croisette initiale. *Nonnus
monétaire.* OR. Tiers de sol, 1 gr. 10. Fruste.

MELLE

457. Monogr. de ME rétrograde, sous une croix grecque et
accompagnée de cinq globules.

℞ Monogr. de NATE rétrograde, accompagné de deux globules, dans un grènetis. AR. Denier, 1 gr. 30.

458. Monogr. de ME sous un O.

℞ VE rétrograde. AR. Denier, 0 gr. 95.

THEODEBERCIACUM

459. .. EODEBERCIACO. Tête hérissée à droite.

℞. + CHADVLFO. MO. Croix mixte à double chrisme, aux bras pattés et évidés, accostée de deux étoiles et soudée sur une base carrée. (*Chadulfus monétaire.*) OR. Tiers de sol, 1 gr. 20.

460. EODEBRCIACO. Buste de face hérissé et dont les oreilles ressemblent à deux anneaux.

℞ + SPECTATVS MONETA. Monogr. formé de NO, *sic* : dans un filet circulaire uni. (*Spectatus monétaire.*) OR. Tiers de sol, 1 gr. 15. (Fruste.)

461. TEODOBERCIA. Buste couronné à droite.

℞ + IOHANNES ✗ Croix latine sur un degré strié. (*Iohannes monétaire.*) OR. Tiers de sol. B.

462. Mêmes types. La croix chrismée. OR. Tiers de sol.

463. TEODOBERCIA. Buste à droite.

℞ MVNOALDO. Croix chrismée à droite sur trois degrés. (*Munoaldus monétaire.*) OR. Tiers de sol. B.

THIRÉ

464. TIDIRICIACO. Buste diadémé à droite, style cintré.

℞ AEGVLFO MONE. Croix latine chrismée à droite, sur deux degrés. (*Aegulfus monétaire.*) OR. Tiers de sol, 1 gr. 05. B.

465. + TIDIRICIACO. Buste diadémé à droite.

℞ + CINSVLFVS. Croix latine sur la croisette initiale de la légende. (*Cinsulfus monétaire.*) OR. Tiers de sol, 1 gr. 10. T. B.

466. TIDIRICIRICI. Buste diadémé à droite.

℞ + AONOALDO MO. Croix latine sur la croisette de la légende, dans le champ. MV. (*Aonoaldus monétaire.*) OR. Tiers de sol. 1 gr. 10.

467. Même pièce. TIDIRICIACO. La croix sans accostement. OR. Tiers de sol. T. B.

468. TIDIRICIACO. Buste diadémé à droite.

℞ + AONOBODE MO. Croix grecque soudée sur un globe et cantonnée de quatre globules, dans un grènetis. OR. Tiers de sol, 1 gr. 05. B.

469. TIDIRICIACO. Buste diadémé à droite.

℞ + SIGOALDO M. Croix grecque cantonnée de trois globules. (*Sigoaldus monétaire.*) OR. Tiers de sol, 1 gr. (Pièce cassée.

470. TIDIRICIACO. Buste diadémé à droite.

℞ + VVINTA MONET. Croix latine cantonnée de trois globules et accostée de CA, dans un diadème de perles. (*Winta monétaire.*) OR. Tiers de sol. 1 gr. B.

VOUTEGON

471. + TEVDOMERE. Buste diadémé à droite, style casqué, parti de lignes obliques inclinées vers la ligne médiane.

℞ VVLTACONIO. Colonne sur une base accostée de deux étoiles. OR. Tiers de sol. 1 gr. 40. T. B.

AUCH ?

472. D. N. ANASTASIVS PP. Buste à double diadème à droite.

℞ VICTORIA AVCC. Victoire à droite, marchant, tenant une palme et une couronne, accompagnée dans le champ des lettres E A *Elusa Ausciorum*. A l'exergue : CONOC. OR. Tiers de sol. 1 gr. 45. B.

473. D. N. ANASTASIVS P. P. AVG. Buste diadémé à droite.

℞ VINORA ACONA. Victoire à droite, marchant, tenant une palme et une couronne, accompagnée dans le champ de l'initiale A. A l'exergue : CNO. OR. Tiers de sol. 1 gr. 45.

474. AVSCIVS FIT. Buste diadémé à droite.

℞ + ROMVLFVS. Croix grecque ancrée, sur la croisette de la légende. (*Romulfus monétaire.*) OR. Tiers de sol. 1 gr. 35. B. (mais légèrement rognée).

SAINT-BERTRAND-DE-COMMINGES

475. + CONBENAS FIT. Buste à double diadème à droite.
℞ NONNITVS MO. Croix sur un globe accostée de CG et de VII. (*Nonnitus monétaire.*) OR. Tiers de sol. 1 gr. 40. B.

AIRE

476. BAVTHARIVS. Buste diadémé à droite.
℞ ATVRRE FIT. Croix latine soudée sur une base, cantonnée de globules aux premier et deuxième et des lettres A S. aux troisième et quatrième quartiers, sur un large degré. A l'exergue, sept globules, celui du milieu plus volumineux. (*Bautharius monétaire.*) OR. Tiers de sol. 0 gr. 85. B.

FOIX

477. CASTRO F... Tête à double diadème.
℞ ... EMTVS MO. Même croix accostée de CG..... OR. Tiers de sol. 1 gr. 35. (Légende peu lisible.)

478. CASTRO FVSCI. Buste à droite.
℞ ODARENTE MON. Croix sur deux degrés. (*Odarentus monétaire*). OR pâle. Triens B.

479. AN..... Buste à double diadème à droite.
℞ DOIINCTVT ⋮ Croix cantonnée de quatre globules. OR. Tiers de sol. 1 gr. 15.

PREMIÈRE NARBONAISE

JUSTIN

480. D. N. IVSTINVS. P. P. AV. Son buste diadémé à droite.

℞ VICTORIA AVCCC V. Victoire debout à droite, tenant une palme et une couronne. A sa droite, le *Monogramme de Narbonne?* A sa gauche, étoile. OR. Tiers de sol. 1 gr. 45. T. B.

JUSTINIEN

481. DN IVSTINIANVS, etc. Buste.

℞ VICTORIA, etc. Même monogramme. OR Triens TB.

(Voir également à la description des monnaies des rois Wisigoths.)

TOULOUSE

482. Légende illisible. Buste diadème à droite.

℞ Légende illisible. Buste diadème à gauche. OR. Tiers de sol. 1 gr. 20. B.

483. THOLOSA. Buste à droite.

℞ ADDOLENO NON. Croix latine ancrée et deux croisettes. *(Addolenus monétaire.)* OR pâle. Tiers de sol, 1 gr. 15.

484. + THOLOSA FI. Buste à droite.

℞ + ARNEBODE MO. Croix latine sur la croisette de la légende. Un nimbe de grènetis circonscrit les trois bras supérieurs de la croix. *(Arnebodes monétaire.)* OR. Tiers de sol. 1 gr. 25.

485. THOLOSA FIT. Buste à droite.

℞ MAGNO MONE. Croix latine épaisse et évidée. Au centre, un globule. OR. Tiers de sol. 1 gr. 30. B.

UZÉS

486. CINVDIIIVBODV. Buste diadémé à droite.

℞ VICAOLIA VTOCIO. Croix accostée de VC sur un globe, au-dessus de deux degrés. OR. Tiers de sol. 1 gr. 35. B.

DAGOBERT Iᵉʳ, ROI

487. DAGOBERTVS. Buste diadémé à droite.

℞ + REX DEVS. Croix latine soudée sur une base, au-dessus d'un degré, et d'un globe; accostée de VC. OR. Tiers de sol, 1 gr. 15. T. B.

MONÉTAIRES MÉROVINGIENS

D'ATTRIBUTIONS INCERTAINES

488. AISIO + MAO. Tête de face dégénérée; grènetis extérieur.

℞ AQMOAM. Croix grecque cantonnée de quatre globules. Grènetis extérieur. AR. Denier. 0 gr. 90.

489. .ALEC.... Buste à droite.

℞ MNOT.... Croix latine sur trois degrés, entourée d'un cercle perlé. OR. Triens.

490. AMITAN... Buste à droite.

℞ MONE... ROO. Croix grecque dans une couronne. OR. Triens.

491. AMOTAOCIT. Buste à droite.

℞ .... AIDASO. Croix dans une couronne. OR. Triens.

492. ANONA. VI. Buste à gauche.

℞ BONVS MO. Croix ancrée. OR. Triens.

493. ANT... OC. Buste à droite.

℞ .... DO. MONETAR.... Croix latine. OR. Triens.

494. APRARICIA. Buste à droite.

℞ PATRICIVS. Croix latine. OR. Triens. (Apray.)

495. AVSTOA. Buste ?

℞ V. II et une croix, légende rognée. OR. Triens.

496, LVCICANA. Croix dans un grènetis.
℞ COSSADVCO. Croix ancrée, sur trois degrés. OR. Triens.

497. CABORO. Tête à droite.
℞ DAMAII.... Croix ancrée. OR. Triens.

498. CANCIA. Buste à droite.
℞ CV... NEDIO. Croix accostée de deux étoiles. OR. Triens.

499. CLVSIR VC. Tête à droite.
℞ IVRV IVICGTO... Croix dans un grènetis. OR. Triens.

500. CVNCENVC FI. Buste lauré à droite.
℞ NVTON... Croix latine, sur deux degrés. OR. Triens.

501. DALDAN. C. Buste à droite.
℞ IMPAIA. MONETARIO. Croix dans une couronne. OR.
Triens.

502. .... LONIS. Buste lauré à droite.
℞ ..TRIO.. Croix sur deux degrés, cantonnée des lettres C.-A.
(Doit être Chalon-sur-Saône: Wintrio.) OR. Triens.

503. VVLTIO. Buste à droite.
℞ DIAMAVO. Croix ancrée. OR. Triens.

504. DOSETAM. Tête à gauche.
℞ AVDOBAVDV. M. Croix latine. OR. Triens.

505. Illisible. Buste à droite.
℞ DOSILODIOS ? Croix. OR. Triens.

506. GVRILLV.. Buste à droite.
℞ Illisible. Croix latine, sur un degré, accostée de deux points.
OR. Triens.

507. DVCCIOLI. Tête à droite.
℞ Illisible. Croix. OR. Triens.

508. OVNOLV ? Tête à droite.
℞ VOAOHNS. Croix. OR. Triens.

509. CAEL... AN. Tête à droite.
℞ MVRINO. M. Croix OR pâle. Triens.

510. ENVSA ? Tête à droite.

℟ Illisible. Croix. OR. Triens.

511. EOPL + ICTI. Buste à droite.
℟ MANNO MET. Croix dans un cercle, accostée de deux T.
OR. Triens.

512. ... FEDO... N. Tête à droite.
℟ Illisible. Croix ancrée accostée de quatre points. OR. Triens.

513. F + INENMACO. Buste lauré à droite.
℟ DERIGOS NST. Croix ancrée. OR. Triens, percé.

514. Illlisible. Tête à droite.
℟ VNC... Croix. OR. Triens.

515. IIVCVIOCIT. Double croix dans un cercle.
℟ IIIFOVECCO. Croix. OR pâle. Triens.

516. IN. ANONIVM. Buste à gauche.
℟ INVTIVTV. Croix latine sur un globe. OR. Triens.

517. Illisible. Tête à droite.
℟ IVADVSA ? Croix accostée de deux points. OR. Triens.

518. INNOTOITIO ? Buste lauré à droite.
℟ NANOIVO. Croix grecque sur trois degrés. OR. Triens.

519. INMIIOT. — Buste à gauche.
℟ CORNOTIV. M. Croix dans un grènetis. OR. Triens.

520. ..... DVS. M. Buste à droite.
℟ .....DVICO. Croix grecque dans un grènetis. OR. Triens.

521. LIPPIACO. Buste à droite.
℟ MELLIONO. Croix ancrée, accostée de deux points. OR.
Triens.

522. LODENA. Tête à droite.
℟ AEVS... VS. Croix cantonnée de deux points. OR. Triens.

523. PANACO. Buste à droite dans un cercle.
℟ NANIOMENOS. Croix ancrée dans un grènetis. OR.
Triens.

524. MIRA. Buste lauré à droite.

℞ Croix latine sur un globe, accostée des lettres Σ. I. OR. Triens.

525. MO. Buste à droite.
℞ Illisible. Croix ancrée accostée des lettres A. V. OR. Triens.

526. BAVCINAVS. Buste à gauche.
℞ NNSSOS. Croix. OR. Triens.

527. NEST. Buste à droite.
℞ MTIAMO. Croix. OR. Triens.

528. NOVM. Buste à gauche.
℞ DOALVIVS. Croix ancrée. OR. Triens.

529. ACOROVIO? Buste à gauche.
℞ Illisible. Croix ancrée sur un globe, accostée de deux points. OR. Triens.

530. Même pièce. OR. Triens.

531. OSALIMO. Buste à gauche.
℞ LA DVS FIT. Croix chrismée à droite sur trois degrés accostée de la lettre A. OR. Triens.

532. OTONO. Buste à droite.
℞ IVVI. Croix ancrée. OR. Triens.

533. OTAV. Buste à droite.
℞ RAVIINIS. Croix ancrée. OR.Triens.

534. Illisible. Buste à droite.
℞ Illisible. Croix cantonnée de quatre lettres. OR. Triens.

535. SIRVTAO. Tête à droite.
℞ ARIVALDO. Croix latine, sur un globe. OR. Triens.

536. S... ELEC. Tête à droite.
℞ NMRLVSIVS. Croix ancrée. OR. Triens.

537. SCAINIVS. Buste à droite.
℞ CODO. Croix sur un degré accostée. de V. II. OR. Triens.

538. NOV. N. Tête à droite.
℞ Illisible. Croix dans une couronne. accostée de deux points. OR. Triens.

539. OMI ESI. Buste à droite.
℞ EDROA. Croix chrismée à droite, dans un grènetis, accostée des lettres A et Oméga. OR. Triens.

540. DVCINVS. Tête à droite.
℞ SVLVDECA. Croix ancrée. OR. Triens.

541. BODESON. FVIT. Tête à droite.
℞ TOATVN. MO. Croix dans un grènetis. OR. Triens.

542. Type indéterminé.
℞ Monogramme formé des lettres TAT. OR. Triens.

543. TVCA? Type indéterminé.
℞ VI. Croix ancrée. OR. Triens.

544. -|- AMROCA Tête à droite.
℞ VLIRCA. Croix accostée des lettres A et O. OR. Triens.

545. MARCELLVS. Buste à droite.
℞ VALLA... AN CIV. Croix. OR. Triens.

546. VALLE -|- CIA. Double croix dans un grènetis.
℞ CHADEMVND. Croix. OR. Triens.

547. VIESNTILSN. — Tête à droite.
℞ VENSADE. EIT. Croix latine sur un degré, dans un grènetis. OR pâle. Triens.

548. VARRO. Ancre.
℞ ORVL. Croix sur une base. OR. Triens.

549. AMBROCA M. Tête à droite.
℞ VEMATO VI. Croix cantonnée de deux points. OR. Triens.

550. VESTIO. Tête à droite.
℞ IVIDI VI.? Croix cantonnée de deux points et de deux croisettes. OR. Triens.

551. LEVDLINVS. Tête à droite.
℞ VILI... IET. Croix ancrée sur un globe. OR. Triens.

552. DEVC. MN. Tête à droite.
℞ VINC... ACIO. Croix ancrée dans un grènetis. OR. Triens.

553. Type indéterminé.

℞ IE dans un grènetis. OR pâle. Triens.

554. CHVT... Tête à gauche.

℞ ECNIT. Croix latine, sur un degré cantonnée de quatre points. OR pâle. Triens.

555. SILET. A. Tête à droite.

℞ Confus. OR. Triens.

556. .... ETAIO. Tête à gauche.

℞ ... HVNH ... Croix ancrée. OR. Triens.

557. ACIA. Tête à droite.

℞ ... VNV. Croix ancrée. OR. Triens.

558. Sans lég. Buste à droite.

℞ AR. Dans une double couronne cantonnée de 12 points. OR pâle. Triens.

559. BARACIA. Buste à droite.

℞ BODONE MO. Croix grecque. Baracé? OR pâle. Triens.

560. AREDVNO VICO. Buste à gauche.

℞ FANDELENVS. Enseigne militaire? Entre deux palmes. (Ardin?). OR pâle. Triens.

561. Illisible. Tête à droite.

℞ FVNIGO... Croix ancrée. OR. Triens.

562. EETAT. Tête à droite.

℞ MCNPC? Croix. OR. Triens fragment de pièces.

563. Illisible. Tête à droite.

℞ CHAR..... Croix cantonnée de 12 points. OR. Triens.

564. VHTIMVT. Tête à droite.

℞ THTITVTHO? Croix latine sur un globe. OR. Triens.

565. LVCA FL. Tête à droite.

℞ Croix ancrée dans un grènetis. OR. Triens.

566. EID... NA. Tête à droite.

℞ VANOMELIO. Croix latine sur un globe. OR. Triens.

567. ... NOFI. Tête à droite.

℞ NAMVRI. Croix sur un globe. OR. Triens.

568. AVCANO. Tête à droite.
℞ MMINIONISM. Croix sur trois degrés. OR. Triens.

569. IMLOTTO. Tête à droite.
℞ ISILOVIC. MO. Croix. OR. Triens.

570. ROT... CIVS. Tête à droite.
℞ A.... S. Croix. (Rouen?) OR. Triens.

571. INOC. VISC. Buste à droite.
℞ Illisible. Victoire à droite. OR. Triens.

572. RAMLACO. Tête à droite.
℞ VIONVCI? Personnage debout, tenant une croix? OR. Triens.

573. STEVVNO. Buste à gauche.
℞ MAIOSALE. MO. Croix latine sur un globe dans un grènetis. OR. Triens.

574. ... ILAO. Buste à gauche.
℞ BERSILISG. Croix ancrée. OR. Triens.

575. Illisible. Buste à droite.
℞ VIITIMVS. Croix sur trois globes. OR. Triens.

576. LANA.... Tête à droite.
℞ HADOMER. MON. Croisette dans un grènetis (2 pièces.)
OR. Triens.

577. NOVIOMER. Buste à droite.
℞ IMVTOALDVS. Croix dans un grènetis accostée de deux T.
OR. Triens, ébréchée.

578. Illisible. Tête à droite.
℞ BERTOALV. Croix latine sur un globe. OR. Triens.

579. DODOALD. Croix potencée.
℞ V. II. Dans les cantons d'une croix. OR. Triens.

580. Type indéterminé.
℞ LVMORA. En monogramme. OR. Triens.

581. GREDACA. Buste à droite.
℞ Croix sur un degré et S. II. OR. Triens.

582. MOGVNTA. CIV. Buste à droite.
℟ AGILINO. Croix ancrée sur deux bases. OR. Triens, ébréchée.

583. GENOBAVDI. Tête à gauche.
℟ NITROLOTO. Croix ancrée accostée de deux points. OR. Triens.

584. ..... IAX. Tête casquée à droite.
℟ SCS. SORELVS. Croix latine. OR. Triens.

585. PARISISE. Buste à droite.
℟ ... MVN. Croix ancrée. (Paris?) OR. Triens.

586. ENEBAVD. Tête à droite.
℟ SALVNETAS. Croix latine, cantonnée de quatre points. OR. Triens.

587. ..... ILIACO. Tête à droite.
℟ AVDVLVS. Croix ancrée. OR. Triens.

588. CRIG... Buste à droite.
℟ IOHANNIS. PORTO. Croix latine sur un globe. OR. Triens.

589. OLCALA. Tête à droite.
℟ MEN... Croix. OR. Triens.

590. Pièces illisibles: 3 pièces. OR. Triens.

591. Pièces illisibles: 3 pièces. OR. Triens.

592. Pièces illisibles: 3 pièces. OR. Triens.

593. Pièces illisibles: 3 pièces. OR. Triens.

594. Pièces illisibles: 3 pièces. OR. Triens.

595. Pièces illisibles: 3 pièces. OR. Triens.

596. Pièces illisibles: 4 pièces. OR. Triens.

597. NENNO VI. Tête à droite.
℟ ANDEOC. Croix. AR. Denier.

598. NOVA.... Tête à droite.
℟ AVDOM... V. Croix. AR. Denier.

599. SVGILIONE. Buste à droite.

ᴙ ENSO. MONETARIVS. Croix dans un grènetis. ᴀʀ.
Denier.

600. ECL. Monogr.
ᴙ VEGVL? ᴀʀ. Denier.

601. ... SALSE. Tête à droite.
ᴙ RACIO. AC.... Croix. ᴀʀ. Denier.

602. Quatre deniers d'argent variés.

603. Quatre deniers d'argent variés.

604. Quatre deniers d'argent variés.

605. Quatre deniers d'argent variés.

606. Quatre deniers d'argent variés.

607. Quatre deniers d'argent variés.

608. Trois deniers d'argent variés.

IMITATIONS DES MONNAIES BYZANTINES

FRAPPÉES DANS L'ANCIEN EMPIRE D'OCCIDENT
ET PARTICULIÈREMENT EN GAULE PENDANT LA PREMIÈRE PÉRIODE
DE LA DYNASTIE MÉROVINGIENNE.

ANASTASE

609. DN. ANASTASIVS. P. F. AVG. Buste lauré à droite.
ᴙ VICTORIA AVGVSTORVM. Victoire marchant à droite
tenant une couronne. ᴏʀ. Triens. ʙ.

610. Mêmes types : légèrement variés. quatre pièces. ᴏʀ.
Triens. ʙ.

611. Mêmes types : les légendes moins lisibles : la Victoire tient
une croix ; dans le champ. une étoile. ᴏʀ. Triens. ʙ.

612. Mêmes types; dans le champ, un T. OR. Triens. B.

613. Mêmes types; la Victoire tient une couronne (Armorique ?)
OR. Triens.

614. ... AINASPPVAC. Buste lauré à gauche.
℞ VATOIA AVC. Victoire de face. OR. Triens. B.

JUSTIN

615. DN. IVTINVS.... Buste lauré à droite.
℞. VICTORIA AVG... Croix sur un globe accostée de VI VA
et de V II ex : CONOB. Viviers. OR. Triens. B.

616. Légende illisible. buste à gauche.
℞ Légende illisible; croix sur un globe accosté de A M et II. T.
(Marseilles. OR. Triens. B.

617. IVSTINVS P. PP. TV. Buste à droite.
℞ VICTVRIA. La Victoire de face tenant une croix. T V.
Zuricht? OR. Triens. B.

618. Mêmes types confus; dans le champ. B. OR. Triens. B.

619. Mêmes types confus.
℞ Croix sur une base triangulaire. OR pâle. Triens.

JUSTINIEN

620. DN. IVTINIANVS. P. F. AVG. Buste lauré à droite.
℞ VICTORIA. AVGVSTORVM. La Victoire debout de face
tenant un globe. 3 pièces. OR. Triens. B.

621. Mêmes types ; la victoire est de profil. et l'étoile est beau-
coup plus grosse. 2 pièces. OR. Triens. B.

622. Mêmes types, très barbares attribués à la Bretagne. deux
pièces. OR. Triens.

623. Mêmes types; 3 pièces. OR. Triens. B.

624. Mêmes types ; 3 pièces. OR. Triens. B.

625. Mêmes types; 3 pièces. OR. Triens. B.

626. Mêmes types ; 3 pièces. OR. Triens. B.

627. Mêmes types ; 3 pièces. OR. Triens. B.

628. Mêmes types ; 3 pièces. OR. Triens. B.

629. NATINIAI. Buste à droite.
℞ TINI. NOVI. Victoire tenant deux croix. OR. Triens. T. B.

630. DN. IVSTIN ANVS. Buste à droite. Types très différents, dans le champ CO.
℞ La Victoire tenant une croix de la main gauche (Cologne). OR. Triens. B.

631. Mêmes types, dans le champ A. OR. Triens. B.

632. Mêmes types, dans le champ R. OR. Triens. B.

633. Mêmes types, dans le champ : monogr. RA. (Castrum. Rauracense). OR. Triens. B.

634. Mêmes types ; la Victoire tient la croix de la main droite. OR. Triens. B.

635. D. IVSTI.. VS. Buste à droite.
℞ IN VICTVRIA. La Victoire, de face, tenant la croix de la main gauche ,bon style . OR. Triens. B.

636. Même pièce, d'un moins bon style. OR. Triens.

637. Trois pièces, plus barbares. OR. Triens.

638. Quatre pièces, plus barbares. OR. Triens.

639. Deux pièces, plus barbares. OR pâle. Triens.

640. Mêmes types ; la Victoire tenant la croix de la main droite ,2 pièces. OR. Triens.

641. Trois pièces, plus barbares. OR. Triens.

642. Trois pièces, plus barbares. OR pâle. Triens.

643. Légende confuse. Croix devant le profil, à gauche, type de la Victoire de face. OR. Triens. B.

644. IVL.. PERC. Buste lauré à droite.
℞ Croix dans une couronne de laurier. OR. Triens B.

645. Quatre pièces. OR. Triens.

646. Quatre pièces. OR. Triens.

647. Quatre pièces. OR. Triens.

648. Cinq pièces de fabrique italienne ou du midi de la France.
OR. Triens.

MAURICE-TIBÈRE

649. Deux pièces. OR. Triens.

HÉRACLIUS

650. Deux pièces. OR. Triens.

MONNAIES

FRAPPÉES DANS LES PROVINCES DE L'ANCIEN EMPIRE D'OCCIDENT
PENDANT LA PÉRIODE MÉROVINGIENNE.

GRANDE-BRETAGNE

651. Buste entouré de rayons.
℞ Croix sur deux degrés, accostée de AA. dans un grènetis ;
entourée de seize globules. OR. Triens. B.

652. Buste à droite.
℞ MALGOOONV-SO. Croix dans un grènetis. OR. Triens. B.

653. Buste de face.
℞ AVRA RAS. Buste à gauche. OR. Triens. B.

654. Buste de face. ℞ Quadrupède. AR. Denier. B.

655. Mêmes types. Variés. AR. Denier. B.

656. Mêmes types. variés, deux pièces. AR. Denier. B.

657. Tête de face entourée de dix globules.
℞ Oiseau. AR. Denier. B.

658. AVP.... EGES. Buste diadémé.

℟ AMBALLONDENVS ? Croix sur un globe. OR. Triens. B.

659. DOIILITILVIIIGIIVC. Buste diadémé à droite.

℟ ETHERIVS MOIE. Croix sur un globe. OR. Triens. B

660. OVI. Corbeau.

℟ Croix accostée de N V. OR. Triens. B.

661. ANNVIAXOMO ? Tête diadémée.

℟ Légende illisible. Croix sur une base. OR. Triens B.

662. Pièces à peu près semblables au revers.

℟ — AV — TANA MO. OR. Triens. B.

663. IXIXIXOVI. Buste à droite.

℟ XOIIXXIIVXXI. Croix. OR. Triens

664. Lég. illisible. Buste à droite.

℟ A... TIXII. Croix. OR. Triens.

665. VII II V V ? Buste à droite.

℟ Lég. illisible. Croix. OR. Triens.

666. BNZOVⱯAVIHIIIVAE. Tête diadémée.

℟ XMNAOEA III VV. Croix sur un degré. OR. Triens. B.

667. V-IVCVIIT. Buste à gauche.

℟ IHIIVIIAVIC. Croix. OR. Triens. B.

668. AIIDVLGEHN. Buste à gauche.

℟ Lég. illisible. Croix, etc. OR. Triens. B.

669. | DOVIVIOCC. Buste à droite.

℟ IICIIIIHIWIIAVCⱭ. Croix cantonnée de quatre points. OR. Triens. B.

670. + O. IAIA. A. OIAAO. Buste diadémé à droite.

℟ VOTAOAOVTANVO. Croix latine. OR. Triens B.

671. DNIOVEAMO. Buste à gauche.

℟ OOVDXLHVIG. Victoire de face. OR. Triens.

672. ONOA T IVO. Buste à droite.

℟. CNONONCOOII. Croix. OR..Triens.

673. D. N. CAVN. AVG.. Buste à droite.

℞ ANVS P. F. AV. NOI. Croix grecque : à l'ex. PADA. AR. Denier. B.

674. Mêmes types moins lisibles. AR. Denier.

675. Même genre de pièce.
℞ Dans le champ, une lég. rune. AR. Denier.

676. Types de l'Étendard. Deux pièces. AR. Denier.

677. Mêmes types. ELAE? AR. Denier.

678. Mêmes types. E PA ? AR. Denier. Cinq pièces.

679. Type de la croix grecque. AVNO? AR. Denier.

680. Mêmes types. Variétés. Quatre pièces. AR. Denier.

681. Mêmes types. Variétés. Quatre pièces. AR. Denier.

682. Mêmes types. Variétés. Cinq pièces. AR. Denier.

683. Mêmes types. Variétés. Quatre pièces. AR. Denier.

684. Le buste se transforme en une sorte de poignard. Quatre pièces. AR. Denier.

685. Type à la louve. AR. Denier. B.

686. Type louve et étendard. Cinq pièces. AR. Denier. B.

687. Type de l'oiseau sur une croix. Quinze pièces. AR. Denier. B.

688. Type du corbeau d'Odin. Trois pièces. AR. Denier.

689. Type de la louve, oiseau se transformant en un profil. Treize pièces. AR. Denier. B.

690. Même type. Le revers se change en VII surmonté d'un G. Six pièces. AR. Denier. B.

691. Transformation du profil en vaisseau. Deux pièces. AR. Denier. B.

692. Type étendard et croix. AR. Denier. B.

693. Type aux deux étendards. AR. Denier.

694. Type de deux têtes affrontées et de quatre oiseaux. Deux pièces. AR. Denier. B.

695. Type de la cigogne portant son petit. AR. Denier. B.

696. Type de la tête accostée d'une croix ; au revers, étendard. Deux pièces. AR. Denier. B.

697. Type, au personnage tenant une croix et trois lézards. Deux pièces. AR. Denier B.

698. AR au droit.

℞ Quadrupède. (Ces pièces sont aussi attribuées à Héristal. Quatre pièces. AR. Denier. B.

699. Tête casquée.

℞ Une sorte de fleur. (Ces pièces sont aussi attribuées à Auxerre.) Deux pièces. AR. Denier B.

700. Types à l'étoile. Quatre pièces. AR. Denier. B.

701. Cinq pièces un peu différentes, d'un plus petit module. AR. Denier. B.

702. Type à la tête et à la croix.

℞ Entrelacs. Trois pièces. AR. Denier. B.

703. Trois autres pièces variées, étoile, etc. AR. Denier. B.

704. Eandred, Edilred, etc. Onze pièces variées. AR. Denier. B.

705. OFFA. Buste diadémé à droite.

℞ Croix ornementée dans laquelle se trouvent les lettres O AL. RE. (Offa, roi de Mercie.) AR. Denier.

706. Edilred Pulfric à York. (Monétaire.) AR. Denier. B.

ESPAGNE

ROIS WISIGOTHS

707. NOTAI1QQVT. Buste de face.
℞ VITOR ATVCCN. Victoire de face, étoile OR. B.

LÉOVIGILDE

708. DN. LIVVIGILDVS REX. Buste de face.
℟ ELVORA. IVSTOS. Buste de face (Elvora). Heis, n° 12.
OR. T. B.

709. LIVVIGILDVS REX PIV. Buste de face.
℟ NARBONA CALER. A. Buste de face (Narbonne). Heis.
n° 21. OR. B.

RECCARÈDE

710. RECCAREDVS RE. Buste de face.
℟ BARCINONA IVST. Buste de face (Barcelone). Heis, n° 1.
OR. T. B.

711. RECCAREDVS RE. Buste de face.
℟ GEARCOTAIVT. Sarragosse. Heis. n° 2. OR. T. B.

712. RECCAREDVS REX. Buste de face.
℟ EMERITA. PIVS. Buste de face (Emerita). Heis. n° 15.
OR. B.

713. RECCAREDVS. RE. Buste de face.
℟ EMERITA VICTOR. Buste de face Emerita. Heis. n° 16.
OR. T. B.

714. RECCAREDVS. REX. Buste de face.
℟ ISPALI. PIVS. Buste de face Séville. Heis. n 19. OR.
T. B.

715. RECCAREDVS RE. Buste de face.
℟ NARBONA FELIX. Buste de face (Narbonne. Heis. n 22.
OR. T. B.

716. RECCAREDVS REX. Buste de face.
℟ TARR CONA IV. Buste de face Tarragone. Heis. n 30
OR. B.

717. RECCAREDVS REX. Buste de face.
℟ TOLETO PIVS. Buste de face Tolède. Heis. n 39. OR.
T. B.

SISÉBUT

718. SISEBVTVS RE. Buste de face.
℞ ISPALI PIVS. Buste de face (Séville). Heis, n° 7. OR.
T. B.

SUINTHILA

719. SVINTILA RE. Buste de face.
℞ PIVS ELIBER. Buste de face (Éliberris). Heis, n° 8. Pièce d'argent dorée. (Authenticité douteuse.)

720. SVINTHILA REX. Buste de face.
℞ COPIV. TARR. Buste de face (Sarragosse). Heis, n° 14. OR.

CHINTILLA

721. CHINTILA REX. Buste de face.
℞ CEARCOTAI. Buste de face (Sarragosse), inédit. OR. B.

RECCESSUINTHE

722. RECCESVINTVS RX. Buste à droite.
℞ EMERITA PIVS. Croix sur trois degrés (Emerita). Heis, n°6. OR. T. B.

723. RECCESVINTVS R. Buste à droite.
℞ ISPALI PIVS. Croix sur trois degrés (Séville). Heis, n° 8. OR. T. B.

724. Même pièce, le buste à gauche. Heis, n° 8. OR. B.

725. RECCESVINTVS RE. Buste à droite.
℞ TOLETO PIVS. Croix sur trois degrés (Tolède). Heis, n° 12. OR. T. B.

ERVIGIUS

726. I. D. N. M. N. ERVIGIVS. RX. Buste à droite.
℞ NARBONA PIVS. Croix sur trois degrés (Narbonne). Heis, n° 8. OR. B, mais légère nent ébréché.

EGICA

727. IN + DINN. EGICA RX VTR. Buste à droite.

℞ TOLETO PIVS. Croix sur trois degrés (Tolède). Heis. nᵒ 19. OR. B.

WITTIZA

728. I. DN. N. MECICA. Buste en regard.

℞ VVITTIZA PX RC. NARBO en monogramme (Narbonne), Heis. nᵒ 14. OR. B.

LUSITANIE

729. DLITAICTANVNVS. Buste diadémé à droite.

℞ Croix grecque dans une épaisse couronne de feuillage. A l'exergue : CONOB. OR. T. B.

ITALIE

ROIS GOTHS

THÉODORIC

730. Sou d'or d'Anastase avec au revers le monogr. de Théodoric et celui de Rome (S. Pl. 18 nᵒ 2). OR. Sou. T. B.

731. Petite pièce d'argent d'Anastase avec au revers le monogr. de Théodoric (S. Pl. 18 nᵒ 3). AR. B.

732. Mêmes types avec la tête de Justin (S. Pl. 18, nᵒˢ 7 et 8) et deux pièces. AR. B.

ATHALARIC

733. Bronze avec la tête de Rome et le roi debout. DN. ATHALARICVS (S. Pl. 18, nᵒ 12). BRONZE. B.

734. Athalaric et Justin (S. Pl. 18, nᵒˢ 19 et 20), deux pièces. AR. B.

THÉODOHAT

735. DN. THEODAHATVS. REX. Buste à droite.

℞ VICTORIA AGVST. SC. Victoire debout sur une proue. BRONZE. B.

736. Buste de Rome à droite.

℞ DN. THEODOHATVS REX. dans une couronne de lauriers. BRONZE.

737. Théodoat et Justinien, petite pièce d'argent (S. Pl. 18, n° 28). AR. B.

WITIGES

738. Witiges et Justinien ; denier S. Pl. 19, n° 1. AR. B.

MATASUNDE

739. Matasunde et Justinien denier S. Pl. 19, n° 2. AR. B.

BADUELA

740. .. BADVELA. REX. Buste de face.

℞. FLVRIAS. SEMPER. Guerrier debout (S. Pl. 19, n° 5). BRONZE.

741. Anastase et Baduela, petite pièce d'argent S. Pl. 19, n° 12). AR. B.

THEIA

742. Anastase et Theia, petite pièce d'argent S. Pl. 19, n° 19. AR. B.

743. Pièces anonymes frappées à Rome S. Pl. 19, n° 25 et suivants), six pièces. BRONZE. B.

744. Pièces anonymes frappées à Ravenne S. Pl. 19, n° 31 et suivants, trois pièces. BRONZE. B.

745. Pièces de bronze contemporaines avec monogr., huit pièces. BRONZE.

ROIS LOMBARDS

746. Anonyme, légende illisible. Croix.

℞ FLAVIA LVCA. OR pâle. Demi-sou ou petit sou d'or. B.

CUNIBERT

747. DN. CVNIBERTVS REX. Buste à droite.
℟ SCS-MICHL l'archange saint Michel debout à gauche.
OR. Sol. B.

ARIPERT II

748. DN. ARIPERT. P. Buste à droite.
℟ Le même. OR. Sol.

749. Illisible. Buste à droite peut-être Astolf.
℟ Le même. OR. Sol.

DUCHÉ DE BÉNÉVENT

GISUF II

750. DN. INVPP. Buste de face.
℟ Croix sur un degré et dans le champ G. OR. Tiers de
sol. B.

LUITPRAND

751. DN. VNVPP. Buste de face.
℟ VICTRI GVTI. Croix et dans le champ. L. OR. Tiers
de sol. B.

ARICHIS

752. DN. VICTORIA. Buste de face.
℟. VICTIRV PRINCIPI. Croix sur quatre degrés et dans le
champ. A. OR. Sol. T. B.

753. Tiers de sol d'or aux mêmes types TB.

GRIMOALD ET CHARLEMAGNE

754. GRIMVALD. Buste de face.

℟ DOMS. CAR. RX. Croix sur quatre degrés et dans le champ G R. or. Sol. t. b.

755. Tiers de sou d'or avec même type. b.

756. Même pièces le G et R formant monogr. du même côté de la croix. or. Tiers de sol. b.

GRIMOALD

757. GRIMVALD. Buste de face.
℟ Le même dans le champ G R. or. Tiers de sol. b.

758. Deux deniers. ar. t. b.

SICO

759. SICO. PRINCES. Buste de face.
℟ ARCHANGELVS MICHAEL. Saint Michel debout. or. Sol. t. b.

760. Un tiers de sol et quatre deniers. cinq pièces. or et ar.

SICARD

761. SICARD. Buste de face.
℟ Croix dans le champ S-I, deux pièces. or. Sol et tiers de sol.

RADELCHIS

762. Denier d'argent au monogr. ar. b

SICONULF

763. Denier d'argent au monogr. ar. b.

LOUIS II ET ANGELBERGUE

764. Deux deniers variés. ar. b.

AFRIQUE

ROIS VANDALES

GUNTHAMUNDUS

765. DN. RC. GVNTHAMVND. Buste diadémé de Guntha-
mund à droite.
℞ DN. Dans une couronne d'oliviers. (S. Pl. 20. n° 2. AR. B.
766. DN. RX. GVNTHA. Buste diadémé à droite.
℞ DN. Dans une couronne d'oliviers. S. Pl. 20. n° 3.) AR. B.

THRASAMUNDUS

767. DN. REX. TRASAMVND. Buste à droite.
℞ DN. Dans une couronne d'oliviers. S. Pl. 20. n° 5.) AR. B.

HILDERICUS

768. DN. HILDIRIX. Buste à droite.
℞ FELIX KARTC. Femme debout tenant des épis. S. Pl. 20.
n° 11. AR. B.

GÉLAMIR

769. DN. REX. GELAMIR. Buste à droite.
℞ DN. Dans une couronne de laurier. S. Pl. 20. n° 17.) AR. B.

DIVERS

HONORIUS

770. DN HONORIVS AVG. Buste diadémé à droite.
℞ EXAGIVM SOLIDI. La Monnaie debout à gauche.
(S. Pl. III, n° 3.). BRONZE. Pièce carrée. B.
771. Justin. trois petites pièces d'argent. B.

772. Six bysantines en bronze de la première période. B.

JUSTINIEN II RINOTMÉTE

773. DN. IVTINIANVS P. P. Buste de face de l'empereur tenant un globe.

℞ VICTOR AVGTI. Croix sur trois degrés, dans le champ R. (S. Pl. 37, n° 6.) OR. T. B.

774. Mèmes types, dans le champ R. (S. Pl. 37, n° 10.) OR. B.

775. DN. IVNVS PP. Buste de face tenant un globe.

℞ VICVGVST. Croix sur quatre degrés, dans le champ G. OR Sol. T. B.

776. Mèmes types; dans le champ Θ. G. OR. Sol. T. B.

777. Mème pièce. OR. Triens. T. B.

778. Mèmes types; dans le champ une main ouverte. OR. Sol. T. B.

779. Mème pièce. OR. Triens.

780. Mèmes types; dans le champ. A. G. OR. Sol. T. B.

(Ces six [dernières pièces, d'un style assez barbare, proviennent de la mème trouvaille; elles ont été frappées en Italie.)

ALEXANDRE-LE-GRAND

781. Buste casqué à droite.

℞ ALEΞANΔPOV. La victoire debout à gauche. OR. Statère. B.

GAULOISES

782. Carnutes. Lingons (et Calètes. Quatre pièces. BRONZE. B.

ROMAINES

783. Pompeia A R. Posthumebill. Constantin P B. Constant P B. Valentinien I. AR. T. B. Cinq pièces.

784. Imitation barbare d'un denier de Julien II. Cette pièce paraît de l'époque carlovingienne. AR. B.

785. OPFVOOMLR. Buste lauré à droite d'un empereur de l'époque d'Honorius. or très mince. Bractéate.

786. SCTVOI⅃⅃SEV. Buste analogue à droite. or très mince. Bractéate.

(Ces deux pièces ont été faites pour être montées en fibules.)

CARLOVINGIENNES (LOUIS-LE-DÉBONNAIRE)

787. HLVDOVICVS. IMP. AVG. Buste lauré à droite.
℞ DORESTATVS. Vaisseau. AR. Denier.

BORDEAUX

788. BVRDEGLAE. Tête à droite.
℞ MVMMOLEN. Croisette ancrée. OR. Tiers de sol. B

789. ...GNOMIRIS. Tête à droite.
℞ ...ARNE. Croix. OR. Tiers de sol.

MOUTIERS

790. DARAHAS. Buste diadémé à gauche.
℞ OIOTA...MONETA + Croix sur deux degrés accostée des lettres VII. OR. Tiers de sol.

791. DOAC... Tête à droite.
℞ AISC.... MON. Croix ancrée. OR. Tiers de sol.

792. Légende illisible. Buste à droite.
℞ EX OFFICINA MAVRENTI. Monogramme. OR. Tiers de sol. (Maurentius monétaire.) B.

ESSONNE

793. DROCTOALD. Buste à droite.
℞ ...XONA. Croix ancrée. OR. Tiers de sol.

VIVIERS

794. V. N. MAIIROVGI ? Buste diadémé à droite.
℞ IVOA, . VIR . ONESTVS. Croix latine accostée de VIVA
et II V. OR. Tiers de sol.

TOULOUSE

795. THOLOSA. Buste à gauche.
℞ LOMO... Croix. OR. Tiers de sol.

796. Justinien.
℞ La victoire; dans le champ, monogramme THS et étoile.
OR. Tiers de sol.

797. Quatre tiers de sol indéchiffrés.

798. AISIOMAO. Tête barbare de face.
℞ AQMOAM. Croix grecque. AR. Denier.

799. Quatre deniers indéchiffrés.

800. Un certain nombre de pièces non cataloguées.

Paris. — Typographie Gaston Née, 1, rue Cassette. — 2510.